NOTES SUR QUELQUES
MANUSCRITS PROVENÇAUX
PERDUS OU ÉGARÉS

SUIVIES DE DEUX LETTRES INÉDITES

DE PIERRE DE CHASTEUIL-GALLAUP

publiées et annotées

PAR

Camille CHABANEAU

PARIS
MAISONNEUVE FRÈRES ET CH. LECLERC, LIBRAIRES-ÉDITEURS
25, QUAI VOLTAIRE, 25

1886

NOTES SUR QUELQUES

MANUSCRITS PROVENÇAUX
PERDUS OU ÉGARÉS

Extrait de la *Revue des langues romanes.*

NOTES SUR QUELQUES
MANUSCRITS PROVENÇAUX
PERDUS OU ÉGARÉS

SUIVIES DE DEUX LETTRES INÉDITES

DE PIERRE DE CHASTEUIL-GALLAUP

publiées et annotées

PAR

Camille CHABANEAU

PARIS
MAISONNEUVE FRÈRES ET CH. LECLERC, LIBRAIRES-ÉDITEURS
25, QUAI VOLTAIRE, 25
—
1886

SUR QUELQUES
MANUSCRITS PROVENÇAUX
PERDUS OU ÉGARÉS

Je rassemble ici, un peu au hasard, quelques notes que j'ai recueillies au cours de mes lectures, depuis plusieurs années, concernant divers manuscrits provençaux que nous n'avons plus ou dont la trace, à ma connaissance du moins, est perdue. Peut-être ces notes pourront-elles servir à en faire retrouver quelques-uns.

I. — *Chansonnier Perussis*

On lit à la p. 421 de l'*Histoire et Chronique de Provence*, par César de Nostredame (Lyon, 1614), les lignes suivantes :

« Syrventez qui se trouve escrit en fort elegante et nayfve rithme aux œuvres de noz vieux troubadours provençaux, que feu Messire François de Perussis, baron de Lauris, second président du Sénat d'Aix[1], gardoit comme un précieux et inestimable joyau : mais escrites en parchemin et en fort belle lettre de main, avec les capitales mignonnement enluminées et les titres de vermillon tres esclatant, tombé depuis entre les mains d'un certain personnage de Marseille fort curieux de l'antiquité, qui naguieres me les fit voir. » Suit le sirventés de Bertran de Lamanon qui commence

De l'arcevesque me sab bon,

avec cette note en marge : « Au xliij. feuillet du livre des

---

[1] Il résulte de notes qui m'ont été communiquées par notre obligeant et savant confrère, M. de Berluc-Perussis, qu'un lien assez délicat rattachait César de Nostredame à la famille du président François de Pérussis. Le fils de ce dernier était son beau-frère..... de la main gauche. Il fut l'amant de Magdeleine de Nostredame, fille de l'astrologue, dont il eut un fils, qui entra dans les ordres et mourut en 1647. J'aurai à revenir sur ce sujet dans les notes de mon édition de Jean de Nostredame.

poëtes provençaux. Syrventes de Bertrand de Allamanon contre l'archevesque d'Arles. »

Ce sirventés nous a été conservé, mais par un seul ms., le n° 12474 de la Bibliothèque nationale, d'après lequel Raynouard l'a publié (*Choix*, IV, 218), et qui n'est pas celui du président de Lauris, car la dernière *cobla*, que je rapporte ci-dessous, d'après César de Nostredame, ne s'y trouve pas. De plus, il est au folio 214, et non au folio 43.

> Archevesque que sia
> De tant provat,
> Escumenjat paria
> Et son vat (*lis.* vol?) non tenria
> Car hom vedat
> Vedar non mi porcia (*lis.* porria).

Jean de Nostre Dame, l'oncle de César, auteur des *Vies des poëtes provençaux*, dut connaître aussi le ms. Perussis, comme je le montre dans l'introduction de mon édition de ces Vies, qui s'imprime en ce moment. Quel est ce « personnage de Marseille » qui le possédait au temps de César ? Il serait intéressant de pouvoir répondre à cette question.

II. — *Manuscrits provençaux de la bibliothèque du marquis de Cambis-Velleron.*

Extraits du Catalogue (Avignon, 1770):

N° 59 (p. 343). « *La Vida de sant Honorat*. Ms. sur vélin in-4°. — Ce rare ms. en anciens vers provençaux est relié d'une étoffe de soie verte ; il contient cent vingt-cinq feuillets, faisant 250 pages. L'écriture remonte au milieu du XIV° siècle. La vie de saint Honorat et des autres saints du monastère de Lerins, en vers provençaux, occupe la plus grande partie de ce rare ms. On trouve après un autre ouvrage en petits vers provençaux[1] du même troubadour Raymond Féraud : c'est l'histoire de la Nativité de la Sainte Vierge et de l'enfance de Jésus-Christ. Ce religieux poëte assure, dans ce second poëme, qu'il n'en est que le traducteur. Il assure qu'il l'a traduit en vers provençaux de l'ouvrage que l'apôtre saint Thomas avait fait en latin. »

Ce ms. ne peut, que je sache, être identifié avec aucun de

---

[1] Sans doute de huit syllabes.

ceux que l'on possède aujourd'hui de Raimond Féraut. Peut-être le retrouvera-t-on un jour en Espagne, où auraient passé, d'après M. Paul Meyer, la plupart des mss. du marquis de Cambis. Cela serait surtout désirable à cause du poëme sur la nativité de Marie. Quoi qu'il arrive à cet égard, la notice du catalogue Cambis nous permet toujours d'accroître d'une composition de plus la liste, qui chaque jour s'allonge[1], des ouvrages de R. Féraut. Comme ce dernier ne mentionne point le poëme en question, en cet endroit de la *Vie de saint Honorat* où il rappelle ses œuvres antérieures, il y a lieu de supposer qu'il ne l'avait pas encore écrit en 1300, date de la composition du *Saint Honorat*. Féraut parle en cet endroit d'un *Lais de la Passion*; mais ce ne peut être notre poëme.

N° 91 (p. 450). « *La Regla de la maiso del Hospital de Monsegnor S. Johan de Jerusalem.* — Ms. in-4° sur vélin, de 202 f., soit 404 p. On y trouve: une histoire abrégée de l'ordre en provençal; les statuts de l'ordre en provençal; un éloge abrégé des grands maîtres de l'ordre; les usages et coutumes de l'ordre; les règlements de l'ordre, dressés à Avignon le 5 mars 1366, sous la maîtrise de Raymond Béranger.

Ce ms. a été traduit du latin en provençal, au moins dans sa majeure partie, avant l'année 1357. L'écriture du *Règlement* est d'une autre main que celles des autres parties et paraît moins ancienne. »

L'ordre des matières, dans le ms. du marquis de Cambis, ne permet pas de l'identifier avec celui que Du Mège a décrit dans ses additions à l'*Histoire de Languedoc* (IV, p. 17), et dont il a publié la partie la plus intéressante, à savoir la *Chronique de la fondation de l'ordre de Saint-Jean-de-Jérusalem*[2]. Mais on peut croire qu'il en différait peu quant aux matières mêmes.

III. — *Chansonnier*
et autres mss. provençaux du connétable de Lesdiguières

On lit dans le catalogue des mss. ayant appartenu à ce célèbre personnage (Bibl. de Carpentras, n° 2 des papiers de Peiresc, f° 276):

[1] Cf. *Revue*, XX, 41 (article de M. Roque Ferrier).
[2] Déjà publiée une première fois, d'après le même ms., avec une description de celui-ci, au t. IV, p. 854, des *Mémoires de la Société archéologique du midi de la France.*

1. « Contemplation de la Vie et Miracles de J.-Ch. en vieux provençal.
2. » Chansons provençales vieilles.
3. » La Vie de saint Honorat en vers provençaux.
4. » Livre de la Fantaumerie.
7. » Légende de Notre Dame en provençal et en italien »

REMARQUES

1. Il existe à la bibliothèque de Turin un ms. coté 4.22. K., qui renferme ce même ouvrage. On peut en voir la description au t. II, p. 325, des *Documents historiques inédits* (Rapport de M. Paul Lacroix). Je ne saurais dire si ce ms. est le même que celui de Lesdiguières. A priori, cela ne paraît pas probable, le ms. de Turin contenant, après la *Contemplacio de la vida et miracles de J. Ch.*, la *Vesion de Godalh* (= Tindal)[1], dont le catalogue de Lesdiguières ne parle pas.

2. Je sais s'il est possible d'identifier ce chansonnier avec quelqu'un de ceux que nous possédons encore.

3. Ce ms. est aujourd'hui à la bibliothèque de Tours, où il porte le n° 493. Voy. *Revue*, XIII, 217.

4. Jean de Nostre Dame parle en deux endroits de livres de *fantaumarias* (*de las donnas* et *del paganisme*). La mention d'un pareil livre parmi ceux de Lesdiguières permet de croire que le trop imaginatif historien des troubadours n'a pas en cela, quant aux titres du moins, tout inventé.

5. La bibl. de la ville de Tours possède un ms. qui avait appartenu, comme le *Saint Honorat*, à celle du connétable de Lesdiguières, et qui renferme un poëme provençal, auquel le titre de *Légende de Notre-Dame* conviendrait aussi bien que celui de *Passion du Christ*, sous lequel il a été publié en 1877 par M. Edström. Mais ce ms. ne contient que le poëme dont il s'agit, sans rien d'italien à la suite, ce qui ne permet pas de l'identifier avec celui dont le catalogue précité fait mention.

---

[1] Publié en partie, en 1831, par M. de Castellane, dans les *Mémoires de la Société archéologique du Midi*, d'après un ms. qui lui appartenait et qui se trouve aujourd'hui, si je suis bien informé, à la bibliothèque de Toulouse.

IV. — *Manuscrit de Dominicy*

Marc Antoine Dominicy, savant jurisconsulte de la première moitié du XVIIe siècle (il mourut en 1650 ou 1656), qui nous a conservé, comme on sait, quelques fragments d'un poëme provençal sur saint Amans (Voy. Raynouard, *Choix*, II, p. 148-150 de l'Introduction), possédait un recueil de vies de troubadours, faisant, à ce qu'il paraît, partie intégrante d'un chansonnier. C'est, du moins, ce qui semble résulter des lignes suivantes, qu'on lit dans son *Assertor gallicus* (1646), p. 152 : « Tanti vero facta sub Ludovico Juniore Provincialium lingua ut exteræ nationes in conscribendis versibus hanc studiosius amplecterentur, ut videre licet ex collectione poetarum, quorum vitas provinciali lingua descriptas (uti eas penes me ms. habeo) reddidit francicas Nostradamus. » Est-il possible d'identifier ce ms. avec quelqu'un de ceux que nous possédons encore ?

Le même Dominicy, dans un autre de ses ouvrages (*de Prærogativa allodiorum*, 1645, p. 184), mentionne une traduction provençale du code Théodosien dont le ms. se trouvait de son temps à l'abbaye de Moissac, « quam alias vidi, — ce sont ses propres paroles, — in abbatia Moysiacensi, cui titulus erat: *ensec se la ley romana*. » Ce ms. paraît perdu. Du moins n'ai-je trouvé, ni dans le *Grundriss* de M. Bartsch, ni ailleurs, aucune indication qui puisse s'y rapporter.

Dominicy, comme l'a déjà noté M. Paul Meyer[1], a connu la rédaction en prose de la *Croisade albigeoise*. C'est ce qui résulte, indépendamment du passage, rapporté par M. Meyer, d'un ouvrage inédit de cet auteur, de l'extrait suivant de son livre déjà cité *de Prærogativa allodiorum*, p. 162. On y verra que Dominicy connaissait aussi la *Chanson de la Croisade*, peut-être d'après le même ms. que Guion de Malleville, son compatriote et son contemporain[2]. Les deux vers qu'il en cite font précisément partie du fragment que Guion de Malleville rapporte dans sa chronique. Peut-être même est-ce là que Dominicy les a pris.

[1] *Chanson de la Croisade*..... II, 520.
[2] Sur ce ms., voy. la *Revue*, XVIII, 87, note.

« . . . . in veteri auctore ms. qui vernacula nostra lingua Historiam Albigensium composuit, dum refert conditiones quibus Raymundus comes Tolosanus fidelium communioni restituendus erat his verbis : « item que a touts les renoubies de sa terra les renouts fara rendre e torna touts les profeits que agut n'auran. » Quod ita unus ex antiquis poetis provincialibus, quos tunc *trouvadours* dicebant, rythmo expressit:

Et tuts li renoves lo renou laissaran
Et se gazanh an pres tot premier lo rendran. »

V. — L'Évangile de l'Enfance

Raynouard possédait un ms. d'un *Évangile de l'enfance de Marie et de Jésus*, en vers provençaux, différent de ceux que MM. Bartsch[1] et Meyer[2] ont fait connaître. C'est ce qui résulte, non-seulement de la mention qui en est faite dans la *Table des ouvrages cités* qui termine le t. V du *Lexique roman*, mais encore et surtout des nombreux extraits qu'on en peut voir en divers endroits du *Lexique*. Raynouard ne lui donne nulle part d'autre titre que celui de *Traduction d'un Évangile apocryphe*. Peut-être était-ce le même ouvrage que celui que renfermait le ms. de Cambis dont il a été question plus haut, peut-être aussi le même que celui qu'on a récemment signalé dans la bibliothèque de Naples. Voyez Stengel, *Mittheilungen aus Turiner fr. Hss.*, p. 21, note 22, n° 12.

Il pourrait y avoir intérêt, si le ms. de Raynouard ne se retrouve pas, à réunir et à classer, dans l'ordre probable où ils se suivaient dans le ms., tous les extraits qu'il en a donnés. Cela ferait environ deux cents vers qui permettraient de se rendre suffisamment compte du contenu de l'ouvrage, de son degré d'originalité (en le comparant aux sources latines) et de la langue du ms.

VI. — Chronique d'Arles

C'est le titre que Raynouard donne à un ouvrage qu'il ne mentionne pas dans la table qui termine le t. V de son *Lexique roman*, mais qui lui a fourni plusieurs citations. De ces

---

[1] *Denkmäler der provenz. Literatur*, p. 270.
[2] *Bulletin de la Société des anciens textes*, I, 76.

citations, que je rassemblerai ailleurs, il semble résulter que la *Chronique d'Arles* ne devait pas différer ou devait différer fort peu de celle dont *Tersin* et *lou Rouman d'Arles*, publiés en 1872 et 1873 par M. Paul Meyer et par M. Victor Lieutaud, ont été tirés. La légende du *Bois de la Croix* y était probablement rapportée, comme l'indiquent les deux passages suivants :

> Seth s'en anet per .i. montanha gran
> E segui las pezadas de son paire Adam.
>
> (*L. R.*, IV, 470 a.)

« Va penre aquel fust, en un cros lo va gitar on s'agotavan totas las aigas. »

Où est aujourd'hui le ms. de cette Chronique d'Arles? Où était-il du temps de Raynouard?

VII. — *Vie de sainte Magdeleine*

On trouve en divers endroits du *Lexique roman* des citations d'une *Vie de sainte Magdeleine*, connue seulement par ces extraits[1], et qui dans la table des principaux ouvrages cités (t. V, p. 611), est confondue à tort avec la cantilène publiée dans l'Almanach de Marseille de 1773. Cette *Vie* était peut-être en ms. dans le cabinet de Raynouard. Sait-on ce qu'elle est devenue?

VIII. — *Vie de saint Sacerdos*

On lit dans Fauriel (*Hist. de la poésie provençale*, I, 253) : « On cite une Vie de saint Sacerdos, évêque de Limoges au IXe siècle[2], écrite dans la langue du pays, aussitôt après la mort du saint. » Cf. *Hist. litt. de la France*, VII, 108.

Il n'est pas impossible qu'il ait existé une vie de saint Sacerdos composée ou traduite en limousin, au IXe siècle, puisque nous possédons dans la *Cantilène de sainte Eulalie* et dans les poëmes de Clermont (la *Vie de saint Léger* et la *Passion*) des

---

[1] Je les ai réunis pour les publier dans un appendice de mon édition de la *Cantilène* marseillaise en l'honneur de sainte Magdeleine, qui paraîtra prochainement dans la *Revue*.

[2] Fauriel se trompe en faisant vivre saint Sacerdos au IXe siècle. C'est « au Ve siècle » qu'il fallait dire.

monuments certains de la langue romane au X⁰ siècle. Quoi qu'il en soit, il y a peu d'espoir, si un pareil ouvrage a existé, de le retrouver aujourd'hui. Mais on pourrait peut-être rechercher encore avec fruit une autre *Vie de saint Sacerdos*, dont on sait qu'il y avait au XVII⁰ siècle un ms. à Sarlat, en la possession du chanoine Armand Gerard. Voici ce qu'on lit sur ce ms. et sur les deux vies en question de saint Sacerdos dans les *Acta Sanctorum*, mai, t. 11, p. 11, où est publiée la vie latine de ce saint par Hugue, moine de Fleury, qui vivait sous Louis le Gros.

Les éditeurs donnent d'abord un extrait de la *Chronique* du même Hugue :

« Ecdicius, Aviti quondam imperatoris filius, in libro vitæ cujusdam sancti confessoris, nomine et officio Sacerdotis, Lemovicinæ civitatis, corrupto nomine (sicut opinor) nominatur Altitius, et hic illum creditur a baptismatis lavacro suscepisse. Cujus pretiosissimi confessoris vitæ seriem, partim in *occulto sermone* compositam, partim vero scriptorum indicio (lis. *judicio* ou *incuria?*) depravatam conspiciens, nuper corrigere statui, et tempore quo floruit, post multorum annorum curricula moderno tempore designavi.... Hoc tamen antiquus ille liber, qui præfati confessoris actus continet mihi videtur innuere, quod circa hoc tempus de quo nunc loquimur, memoratus Sacerdos esse potuit infantulus. »

Les éditeurs ajoutent : « Hugo, dum antiquum actuum sancti confessoris librum ait fuisse « in occulto sermone compositum », videtur mihi intelligere vulgarem Petracoricensium sæculi IX sermonem ; ideo occultum quia sæculo XII, quo florebat Hugo, valde immutatum a forma priori, aut potius quia minime communem, id est ubique terrarum intelligendum, ut erant ea quæ conscribebantur sermone latino. Sic Regino Prumiensis, Hugo floriacensi sæculis duobus antiquior, in Chronica ad annum 814 dicit se reperisse eatenus scripta « in quodam libello plebeio et rusticano sermone composita, quæ ex parte ad latinam regulam correxi, inquit (plane ut Hugo ait de vita Sacerdotis), quædam etiam addidi quæ ex narratione seniorum audivi. »...
.... Hanc autem S. Sacerdotis vitam, ab Hugone Floriacensi sic exornatam, damus hactenus ineditam; qualem

— 13 —

nobis submisit vir in antiquitate historica eruditus, Armandus Gerard, canonicus Sarlatensis, cujus beneficio Sammarthani ediderunt abbatum et episcoporum Sarlatensium seriem. Vitam istam ipse descripsit ex veteri codice ms. de Vitis SS. qui penes eum erat, ubi illa continebatur a pagina versa 88 ad paginem versam 95. Idem penes se habuit eamdem legendam, veteri *sermone petragorico*, non quidem ex vetusto illo contextu transcriptam quo usus Hugo est, sed ex latino Hugonis, cui præcise inhæret, in romanum, id est vulgare idioma, redditam. »

Il est bien à souhaiter que cette traduction, en *vieux périgourdin*, de l'ouvrage de Hugue de Fleury, se retrouve. Je me permets d'en recommander la recherche à mes savants et zélés confrères de la Société archéologique du Périgord.

IX. — *Vie de Jésus-Christ par saint Israel*

Plusieurs auteurs, entre autres dom Rivet (*Hist. litt. de la France*, t. VII, p. xlviij, et p. 230), parlent d'une *Vie de Jésus-Christ* et d'une *Histoire sainte* que saint Israel, chantre de l'église du Dorat, mort en 1014, aurait composées en langue vulgaire, par conséquent en limousin. La chose n'a rien que de vraisemblable. Mais les seuls garants qu'on allègue sont deux auteurs du XVIIe et du XVIIIe siècle, Collin et Blondel. L'ancienne vie latine de ce saint personnage, publiée par Labbe (*Bibl. nova*, t. II, p. 566), ne fait aucune allusion à ces ouvrages. En existait-il encore quelque copie au commencement du siècle dernier, comme dom Rivet se croit fondé à le supposer, d'après la manière dont en parlent Collin et Blondel[1]? On pourrait, dans ce cas, ne pas désespérer de la retrouver, au séminaire de Limoges par exemple, dont la bibliothèque, à ce qu'on m'assure, est riche en documents précieux, où se cachent peut-être d'autres monuments de cette ancienne littérature du haut Limousin, première manifesta-

---

[1] « Touché de l'ignorance des peuples du pays, il fit pour leur instruction, en langue vulgaire et vers rimés, la vie de J.-C. et même l'histoire de la Bible. Le docteur Collin, théologal de Saint Junien au même diocèse, et

tion de la langue d'oc, dont *Boëce* et les poésies religieuses du célèbre ms. de l'abbaye de Saint-Martial[1] sont, avec quelques fragments en prose, les seuls échantillons que nous connaissions aujourd'hui.

Quoi qu'il en soit, voici les passages de Collin et de Blondel relatifs à notre sujet. J'en dois la transcription à l'obligeance de M. Léon Clédat :

« S. Israel, nobilis Marchianus[2], præcentor Doratensis Ecclesiæ, officialis et major vicarius, ut vocant, Hilduini, seu Alboini, episc. Lemovicensis, primus præpositus et restitutor ecclesiæ sæcularis et collegiatæ S. Juniani, vitam et res gestas Christi Salvatoris, metro eleganti vernaculo, scripsit circa an. 1012. » (Collin, *Lemovicini multiplici eruditione illustres* (*Lemovicis*, 1660, in-12), p. 24.)

« Il (saint Israel) mit en cantiques l'histoire sainte depuis la création du monde jusqu'à l'Ascension de Notre Seigneur, afin que les paroles, jointes à l'agrément du chant, pussent servir à l'instruction du peuple qui étoit alors dans une grande ignorance. » (Blondel, *Vies des saints tirées des auteurs originaux*; 22 décembre. Paris, 1722.)

Blondel déclare avoir tiré la *Vie de saint Israel*, y compris sans doute le passage qui précède, des leçons de l'office de ce saint et d'un manuscrit de la bibliothèque Sainte-Geneviève.

X. — *Vie de saint Castor*

Raymond Bot, évêque d'Apt (1275-1303), est l'auteur d'une vie de saint Castor, encore inédite, sur laquelle on peut voir,

---

M. Blondel, auteur d'un recueil de vies des saints, qui ont fait l'un et l'autre la vie de ce saint poëte, avoient une connaissance particulière de ses ouvrages. Il paraît même, par la manière dont ils en parlent, qu'ils existent encore. » (*Hist. litt.*, t. VII, p. xlviij.) Plus loin, p. 280, on lit cette note : « Cette histoire (celle de J.-C par saint Israel) existe encore, puisqu'elle est citée dans le nouveau glossaire de Du Cange (t. VI, p. 1603, 1718). Mais on l'y cite avec une faute énorme, en l'attribuant à un prétendu Isaac, abbé de l'Esterp, qui ne fut jamais. L'auteur du mémoire aura lu dans le ms. Isaac pour Israel. » Je ne m'explique pas cette note. A l'endroit visé, sous *villania*, on trouve seulement des vers français, tirés d'une vie de J.-C. qui, d'après la Table des auteurs, est anonyme et écrite en 1323.

[1] No 1139 de la Bibliothèque nationale.
[2] Marchois, de la Marche limousine.

dans les *Pièces fugitives d'histoire et de littérature,* 4ᵉ partie, 1704, p. 56, un article anonyme, mais que j'attribuerais volontiers à Remerville de Saint-Quentin, Aptésien connu pour s'être occupé avec fruit, à cette époque, de l'histoire de sa province.

Il résulte d'un passage de cet article, appuyé d'une citation de Raymond Bot, qu'il existait du temps de ce prélat, dans les archives du chapitre d'Apt, une vie de saint Castor en langue vulgaire, — probablement en provençal, — et en vers.

P. 70. « Un si saint pontificat (celui de saint Castor) obligea quelques personnes pieuses d'en laisser des mémoires à la postérité. On écrivit l'histoire du saint en vieux langage du païs, qu'on appelloit *rustica romana*. Cette histoire étoit conservée dans les archives du chapitre, d'où elle fut tirée et mise en latin par l'évêque Raymond Bot, qui remplit le siége de saint Castor depuis l'an 1275 jusques en 1303. Mais il s'occupa à cet ouvrage avant son exaltation au pontificat et lorsqu'il n'étoit que chanoine dans l'eglise d'Apt, comme il nous l'apprend lui-même..... Raymond Bot ayant achevé sa traduction lorsqu'il fut élu évêque d'Apt, c'est-à-dire l'an 1275, il la dedia à un chanoine d'Avignon..... « Igitur, dit-il, ego Regimundus, licet indignus, vocatus episcopus, domini patroni ac predecessoris mei B. Castoris vitam, quam olim *gallicano coturno* simplicitate fratrum minus dilucidatam inveni, simplici stilo breviter enotare curavi, tibique viro religioso presenti chartula delegavi. »

Les deux mots que j'ai soulignés indiqueraient plutôt, ce semble, un texte en vers français qu'en vers provençaux. Mais le lieu où l'ouvrage fut trouvé, et où il avait sans doute été composé, autorisent à supposer qu'il était bien, comme le dit l'auteur de l'article de 1704, « dans la langue du pays. »

Notre très-obligeant et savant confrère, M. de Berluc-Perussis, que j'ai consulté au sujet de la vie romane et de la vie latine de saint Castor, veut bien m'apprendre que l'original de l'ouvrage de Raymond Bot a disparu en 1793 des archives capitulaires d'Apt et n'a pas été retrouvé depuis, mais qu'il en existe une copie à Carpentras, parmi les papiers de Mazaugues.

La vie romane s'est-elle seulement perdue à la même époque,

ou avait-elle déjà disparu? Il y aurait peut être encore, dans le premier cas, quelque chance de la retrouver.

XI. — *Vie et miracles de sainte Rosseline*

On lit dans les *Acta Sanctorum*, p. 490 *b* du t. II du mois de juin, l'extrait suivant d'une lettre du chartreux Charles Le Coulteux, datée de 1662, ou du moins non antérieure à cette année-là :

« Multa de nostra Rosselina in vulgus provinciale sparguntur quae nullam antiquitatis vel certae auctoritatis notam habent; si excipias rosarum miraculum, a gravibus auctoribus datum, et corporis oculorumque incorruptionem. Caetera, a nostris etiam transmissa, suspecta habeat Paternitas vestra. »

Cette sainte, qu'on a confondue quelquefois avec sainte Douceline, mourut le 17 janvier 1329, dans le monastère des Chartreuses de la Celle-Roubaud, au diocèse de Fréjus. A-t-on conservé quelques-uns des récits auxquels fait allusion le père Le Coulteux?

XII. — *Autres Vies de Saints*

Honoré Burle, auteur d'un ouvrage sur les antiquités de la Provence [1], qui n'a pas été imprimé et dont le ms. autographe est conservé à Aix (Bibl. Méjanes, n° 537), nous apprend qu'il existait encore de son temps (il mourut en 1692), dans les bibliothèques de divers monastères de cette province, un grand nombre de Vies de Saints, et il en énumère plusieurs dont la plupart sont perdues. C'est au livre premier de l'ouvrage précité. Voici le passage :

[F° 67 v°] « Extant adhuc hujus linguae (*scil.* provincialis) magna librorum volumina, tum prosa, tum versibus aut carminibus composita et conscripta, gesta ac vitas plurimorum sanctorum sanctarumque describentia, inter quas numerantur Vita et miracula sancti Honorati Arelatensis [F° 68 r°] ar-

---

[1] *Provinciae Galliae Narbonensis alias Braccatae vulgo* Provence *exacta et brevis chorographica descriptio.* — Sur l'auteur, omis dans le *Dictionnaire de la Provence*, voy. Roux-Alphéraud, *les Rues d'Aix*, II, 16.

chiepiscopi, carminibus vernaculis scripta, nec non Passio
sancti Stephani Prothomartiris, quæ quotannis, in æde cathedrali et metropolitana divi Salvatoris Aquensis, publice, die
festo Prothomartiris, decantatur. Legitur etiam Vita sanctæ
Roccelinæ, nobilis Villanovensis familiæ, quæ eximia puritate
et sanctitate claruit. Nec tacenda est quæ legitur, provinciali
sermone conscripta, pœnitentia miranda cujusdam Anthonii
[1] Aquensis, qui in odore sanctitatis decessit Aquis Sextiis; quæ duravit per annos septem in quadam spelunca, Sanctæ
Dominæ Angelorum vocitata, quæ inter Aquas Sextias et Massiliam sita est. Prætereo quæ de sancto Eucherio, uxore ac filiabus ejus extant vernacula enarrata, quæ de Lazaro, a mortuis suscitato, Massiliæ episcopo primo, de sanctis Maximino
et Trophimo, Aquensium et Arelatensium archiepiscopis, de
beatis Martha et Magdalena, de corporibus sanctorum sororum Mariarum, de ejus (sic) pedisequa Serrata, de sancto
Mitrio martire, Calidonio, et aliis quam plurimis, quorum miranda miracula, vernaculo et provinciali sermone, hic et illic
in bibliothecis diversorum cœnobiorum, manu scripta servantur, et aliis quam plurimis quæ brevitatis causa silere est.
Tametsi extent varia, ut diximus, volumina pia, non pauca
etiam prophana subsistunt de quibus etiam [v°] aliquos recensere licebit. » — J'arrête ici la citation, ce qui suit étant tout
entier tiré de Nostredame.

Des ouvrages mentionnés par Burle, dans le passage que je
viens de reproduire, nous possédons encore la Passion (c'est-
à-dire l'Épître farcie) de saint Étienne, la Vie de saint Honorat et celle de saint Trophime, si du moins il s'agit bien là,
d'une part de l'œuvre de Raimond Féraud, de l'autre du poëme
dont Anibert, Millin, Villeneuve, Raynouard et M. Bartsch
ont publié des fragments et dont on connaît aujourd'hui trois
mss.

Les Vies de sainte Magdeleine et de sainte Marthe sont peut-
être les mêmes que celles que Nostredame a mentionnées[2], et
dont il attribue la rédaction au frère Rostang de Brignolle.
C'est peut-être aussi à la Vie de sainte Roceline (ou Rossoline)

---

[1] Même blanc dans le ms.
[2] Les Vies des... poëtes provençaux, p. 256. Cf. ci-dessus, article VII.

dont parle Honoré Burle, que fait allusion le passage du P. Le Coulteux, cité dans l'article précédent. Quant au bienheureux Antoine d'Aix, à saint Eucher, saint Mitre, saint Lazare, saint Maximin, aux saintes Maries, à leur servante Serrata (*Sara*) et à Calidoine (*Cidoine, Cedon*), l'aveugle-né de l'Évangile, que la légende leur donne pour compagnon, je ne connais, sur l'existence d'ouvrages en provençal ancien qui les concernent, d'autre témoignage que celui de Burle.

XIII. — *Manuscrit de l'auteur de la Leandreide*

Il existe un poëme italien du XIVe ou du commencement du XVe siècle[1], intitulé la *Leandreide* ou, mieux, *Leandrheride* (les Amours d'Héro et de Léandre), dans un chant[2] duquel Arnaut de Mareuil, à la prière de Dante, qui l'appelle son frère[3], présente à l'auteur, après s'être fait connaître à lui, un grand nombre de poëtes provençaux dont il est accompagné[4]. Parmi ces poëtes, il y en a deux dont nous ne possédons plus rien et dont le nom ne figure aujourd'hui dans aucun ms.: ce sont Giraut de Calmonyer[5] et Pere de Bonifaci[6].

[1] Le ms. dont Quadrio s'est servi assigne à l'ouvrage la date de 1425. M. Grion croit qu'il faut lire 1375. Voy. *delle Rime volgare, trattato di Antonio da Tempo* (Bologna, 1869). p. 344.

[2] Ce chant, que l'auteur, à l'exemple de Dante lui-même et de Fazio degli Uberti, a écrit en provençal, a été publié isolément en 1857 d'après deux mss. par M. E. Teza, à la suite d'un mémoire de M. Cicogna. C'est ce qu'a bien voulu m'apprendre M. U.-A. Canello, à l'obligeance duquel je dois une copie du texte provençal, avec une analyse sommaire du poëme, qui ne m'était connu que par le peu qu'en disent Quadrio et Tiraboschi.

[3] *Questo mio fratello*.

[4] Il n'en nomme que quarante-trois; mais il dit à la fin qu'il y en a d'autres « que dir aras non vol ma lenga », ce qui montre bien que l'auteur de la *Leandreide* en a connu un plus grand nombre. Il est à noter que dans l'énumération d'Arnaut ne figurent pas plusieurs des plus anciens troubadours, tels que le comte de Poitiers, Marcabru, Peire d'Auvergne, malgré leur célébrité, et que les plus récents, comme G. Riquier, y font absolument défaut.

[5] Variante: *Chalmonier*. La finale *ier* est assurée par la rime.

[6] On connaissait déjà celui-ci, mais seulement par Nostredame (*Pierre de Bonifaciis*, p. 245), qui ne saurait être à lui seul, en aucun cas, un garant suffisant. Grâce à la confirmation apportée par la *Leandreide*, on peut maintenant tenir pour certain, tout au moins, qu'il a existé en effet un poëte provençal de ce nom.

Cela suffit à établir que l'auteur de la *Leandreide* a eu à sa disposition un ou plusieurs mss., sinon plus amples absolument, partiellement du moins plus riches que ceux qui nous restent. Mais rien n'oblige à supposer qu'ils fussent différents de ceux qu'utilisèrent plus tard, soit Equicola, soit Velutello, et dont je parlerai tout à l'heure.

Les autres troubadours énumérés dans la *Leandreide* sont tous connus d'ailleurs ; mais deux ou trois ne le sont que par une ou deux pièces seulement, conservées par un très-petit nombre de mss. ou même par un seul. Tels sont:

> Guilerm de Biarz,
> Guillerm d'Anduza,
> Peyre da Pomarol.

Je suppose que ce dernier est le même que le Pomairol (sans prénom) dont il y a dans le ms. Mac-Carthy une tenson avec Guionet, qui se trouvait aussi dans le chansonnier de Bernart Amoros. Voy. Bartsch, *Grundriss*, 373, et H. Suchier, *il Canzoniere provenzale di Cheltenham*, dans la *Rivista di fil. rom.* II, 172.

XIV.— *Manuscrits de Mario Equicola*

Mario Equicola, l'auteur du *Libro di natura d'Amore* (1525), a eu à sa disposition (on ne sait s'il en était le possesseur) un ou plusieurs chansonniers provençaux plus riches en biographies de troubadours que ceux qui nous ont été conservés. J'ai eu récemment l'occasion de faire remarquer [1] que parmi ces biographies devait se trouver celle de Raimbaut d'Orange, et une notice sur G. de Borneil, dont il n'y avait trace nulle part ailleurs que dans le livre d'Equicola, et dont M. Constans a heureusement découvert à Cheltenham l'original provençal. Il devait y avoir aussi une vie d'Aimeric de Peguillan plus complète que celle que nous connaissons par les mss. actuellement existants. Equicola en a extrait un renseignement précieux, qui ne se trouve plus aujourd'hui que chez lui ou chez les écrivains qui le lui ont emprunté [2]. C'est le suivant:

---

[1] Voy. *Revue*, XIX, 269, 276.
[2] Par exemple chez Papon (*Voyage de Provence*, II, 340).

« Naimeric de Peguillar (*sic* dans l'édition (*Venise*, 1554) que j'ai sous les yeux et que je transcris fidèlement, p. 339) amò Donna Maria moglier del re Pier di Ragona, et ingannato da lei, amò Donna Endia de Lisla, sorella del Conte di Tolosa. »

Sur cette *Endia*, voy. dom Vaissete, qui la nomme Indie, t. VI, pp. 192 et 555 de la nouvelle édition de l'*Histoire de Languedoc*.

La biographie de Pierre d'Auvergne contenait, dans le ms. d'Equicola, un trait qui est propre à celle de Giraut de Borneil, dans tous les mss. aujourd'hui connus. C'est celui-ci (p. 340): « per la qual cosa fu chiamato mastro delli altri trovadori. » A moins qu'Equicola, écrivant de mémoire, n'ait confondu ici les deux notices, qui, dans ce qui précède immédiatement, se ressemblent beaucoup. C'est l'hypothèse qui me paraît la plus admissible.

Une confusion analogue a dû être commise en ce qui concerne Arnaut Daniel, « ancora esso di Meruelles », dit Equicola, induit sans doute en erreur par ces mots de la biographie provençale du troubadour de Ribérac : « Arnautz Daniels si fo d'aquela encontrada don fo n'Arnautz de Maruelh. »

Equicola mentionne encore, mais sans nous en apprendre sur aucun d'eux plus qu'on n'en sait par les mss. qui nous restent, un certain nombre d'autres troubadours. Ce sont : Bernart de Ventadour, Arnaut de Mareuil, Raimbaut de Vaqueiras, Peire Rogier, Folquet de Marseille, Bernart de Cornil, Jaufre Rudel, Guilhem del Baus, Albert de Malaspina, Sordel et Peire Vidal.

Ce qu'il dit de Bernart de Cornil n'implique pas nécessairement la connaissance d'une autre notice que celle de R. de Durfort, dans laquelle il est parlé du premier de ces deux personnages et de la dame qu'il aima. Mais la mention spéciale qu'en fait Equicola, qui omet tant de troubadours plus connus, permet de supposer que son ms. renfermait une biographie de Bernard de Cornil et probablement aussi, dans ce cas, quelques pièces de lui.

Après avoir énuméré les troubadours dont j'ai cité les noms, Equicola fait un tableau d'ensemble de la poésie amoureuse des troubadours, dont les traits sont tous empruntés, indistinctement, à des chansons de ces derniers. Beaucoup de ces traits se laissent assez facilement reconnaître, et l'on pourrait sans trop de peine dresser la liste des chansons qui les ont fournis[1]; mais il paraît impossible de discerner — s'il y en a — ceux qu'Equicola a tirés de pièces aujourd'hui perdues.

XV. — *Manuscrit de Velutello*

Le manuscrit dont Velutello a tiré les notices sur divers troubadours, qu'il a insérées dans son commentaire sur Pétrarque, publié pour la première fois en 1525, ne peut être identifié ni avec aucun de ceux qui nous restent, ni avec celui d'Equicola. S'il avait, en effet, en commun avec ce dernier et avec le second chansonnier de Cheltenham, la biographie de Raimbaud d'Orange[2], les biographies de Giraud de Borneil, de Fol.. et de Marseille, de Bernart de Ventadour, d'Aimeric de Peguillain, de Gaucelm Faidit, et probablement aussi la plupart des autres, s'y trouvaient dans un texte moins développé que celui de ces deux derniers mss., ou du moins que celui de l'un ou celui de l'autre, selon les cas, puisque le ms. d'Equicola, malgré ses rapports étroits avec le chansonnier de Cheltenham, en devait néanmoins différer assez notablement. Le ms. de Velutello contenait peut-être un plus grand nombre de biographies que le ms. 5232 du Vatican; mais il devait appartenir à la même classe, je veux dire à celle des mss. qui nous ont conservé les biographies des troubadours dans leur forme la plus ancienne et la plus brève. Celui d'Equicola, au contraire, appartenait probablement à la seconde classe de ces mss., celle dont font partie les nos 1749 et 22543 de notre B. N., et où les biographies se présentent, soit sous une forme plus développée, soit accompagnées des

[1] Aux renseignements fournis par le *Libro di natura d'Amore*, il en faut joindre un que fournit l'*Histoire de Mantoue* du même auteur. On y voit qu'Equicola connaissait la tenson de Sordel et de Peire Guilhem, *En Sordel e queus es semblan*, laquelle nous a été conservée par quatre mss., et qu'il rapporte tout entière. Je ne sais s'il y fait allusion à d'autres pièces de Sordel. L'*Histoire de Mantoue* ne se trouve dans aucune des bibliothèques à ma portée, et je ne connais le détail que je viens de rapporter que par Blaise de Vigenère (*Commentaires de César*, édit. de 1602, p. 273).

[2] Voy. la *Revue*, XIX, 270.

rasos d'un plus ou moins grand nombre des pièces des troubadours auxquelles elles sont consacrées.

XVI. — *Manuscrit de Benedetto Varchi*

On lit dans l'*Ercolano* de Benedetto Varchi († 1565), édit. de Florence, 1730, p. 211: « Io ho in un libro provenzalmente scritto molte vite di poeti provenzali, e la prima è quella di Giraldo chiamato di Bornello, ... laqual vita io tradussi gia in volgare fiorentino, avendo animo di seguitare di tradurre tutte l'altre, il che poi non mi venne fatto, ancoraché sieno molto brevi..... » Suit la traduction en question de la vie de Giraud de Borneil.

Parmi les mss. qui contiennent des vies de troubadours, il n'y en a que trois dans lesquels la vie de Giraud de Borneil est la première : ce sont les mss. 1592 et 22543 de la Bibliothèque nationale et le ms. 2814 de la bibliothèque Riccardi à Florence, que l'on sait être la copie incomplète du chansonnier de Bernart Amoros. Il est impossible, pour plusieurs raisons, que le recueil de Varchi fût notre ms. 22543 ; il est d'autre part à peu près certain qu'il n'était ni l'un des deux autres ni l'original du dernier[1]. Ce serait donc là encore un ms. dont il faudrait déplorer la perte. Mais était-ce bien un ms.? Varchi dit simplement « un libro », et Crescimbeni, dans une note de sa traduction de Nostredame[2], semble croire qu'il s'agit d'un livre imprimé. Se référant, en effet, au passage même de l'*Ercolano* que je viens de rapporter, après avoir dit que Varchi « aveva appresso di se un libro in lingua provenzale di vite di quei poeti assai brevi », il ajoute : « Questo libro è impresso e l'abbiamo veduto anche noi. » Crescimbeni parle encore ailleurs (*Vie d'Anselme* (= Gaucelm) *Faidit*, note VII) du livre en question : « La mentovata vita citata dall' Ubaldini l'abbiamo veduta anche noi nel codice 3204 della Vaticana, e l'abbiamo altresi veduta impressa in lingua provenzale insieme con altre. » Devant des affirmations si positives, il pa-

---

[1] Il existe à la bibliothèque Laurentienne, à Florence, un chansonnier provençal (n° xc-26) qui a appartenu à Benedetto Varchi ; mais il ne contient pas de biographies.

[2] *Giraldo di Bornello*, annotaz. III, p. 107 de l'édit. de Rome, 1722.

rait difficile de ne pas croire que Crescimbeni avait vu, en effet, un recueil imprimé de vies des troubadours en provençal. Voilà un *imprimé* dont la découverte ne causerait guère moins de joie à un provençaliste bibliophile que celle d'un manuscrit. Mais en reste-t-il quelque part un exemplaire?

XVII. — *Manuscrits provençaux de Francesco Redi*

Les précieuses notes jointes par Redi à son *Bacco in Toscana* nous apprennent que ce savant personnage possédait en propre, entre autres mss.:

1º Une *Storia della Bibbia in lingua provenzale*;
2º Un *Glossario provenzale*;
3º Un chansonnier provençal.

I. Le premier de ces mss. était catalan, et non purement provençal, comme le prouvent les deux exemples que Redi en a tirés, p. 182 et 183[1], et dont le second a été reproduit par Raynouard, *Lex. rom.*, II, 81 b, sous *renquallos*. Le texte qu'il renfermait devait être le même, sauf quelques variantes, que celui qu'a publié M. Amer, sous le titre de *Genesi de scriptura*[2], dans la *Biblioteca catalana* de M. Aguiló y Fuster, et dont on possède aussi une version provençale et une version gasconne, publiées l'une et l'autre par MM. Lespy et Raymond (voy. *Revue*, XI, 206, et XII, 291). Le ms. de Redi doit-il être identifié avec celui du même ouvrage, dans la même langue, que possède la Bibliothèque laurentienne et que M. Mussafia mentionne dans une note (p. 5) de son édition des *Sept Sages* en vers catalans? C'est ce que je ne saurais dire. Redi qualifie son ms. d'« antichissimo », ce qui, à la vérité, d'un texte catalan, est fait pour surprendre. M. Mussafia dit que le ms. de Florence est, selon quelques-uns, du commencement du XVᵉ siècle; selon d'autres, du XIVᵉ siècle.

II. Le *Glossario provenzale* est ainsi mentionné dans l'*Indice.....degli autori citati*, p. 214: « *Glossario provenzale*, ma-

[1] Je cite, ici et partout, d'après l'édition de Naples, 1778, t. 3, des *Opere di Francesco Redi*.
[2] Les passages cités par Redi se retrouvent chez M. Amer, p. 32, l. 4-6, et p. 44, l. 5-7.

nuscritto di Francesco Redi, 73, 178 (lis. 78). » Voici les deux seules citations qui en sont, ou du moins qui sont données comme en étant tirées [1] :

P. 73, sur le v. 22 de la p. 8, à propos du mot *druda :* « *Glossario provenzale*, testo a penna di Francesco Redi : *Drutz, dilectus, amans fidelis.* »

P. 78, sur le v. 40 de la p. 8, à propos du mot *forbite :* « *Glossar. provenz.* F. Redi : *Forbir, tergere, mundum facere.* »

Sait-on ce qu'est devenu ce glossaire provençal de Francesco Redi ?

Outre le glossaire en question, Redi a utilisé encore la liste de verbes et le dictionnaire de rimes qui font partie du Donat provençal, ainsi que le petit vocabulaire provençal-italien qui suit cet ouvrage dans le ms. 42-11 de la Laurentienne (B de M. Stengel), le seul qu'il paraisse avoir connu. Il désigne ce dernier vocabulaire, dans son *Indice*, p. 219, de la manière suivante : « *Onomastico provenzale*, testo a penna della libreria di san Lorenzo », et il en cite un article, p. 182 : « *Fornir, dar quel che bisogna.* » Cf. Stengel, p. 90 a.

Il donne ailleurs, p. 184, comme tiré du même *Onomastico provenzale*, l'article suivant : « *Bufar, buccis inflatis insufflare.* » Mais c'est sans doute par méprise. Il est à croire que c'est de son propre glossaire qu'il l'a extrait. Ce n'est pas du *Donat provençal*, car lui-même, au même endroit, cite ce dernier ouvrage (sous le nom de *Gramatica provenzale* [2], en le distinguant de l'*Onomastico*. Voici du reste le passage entier : « P. 23, v. 30. *Sbuffa. Nella Gramat. provenz. : Bufar, ore insufflare* [2]. *Onomast. provenz. : Bufor, buccis inflatis insufflare. Rimario provenzale : Buf, id est insufflatio* [3]. »

III. Le chansonnier provençal de Redi ne peut être identifié avec aucun de ceux que l'on possède aujourd'hui. Est-il irrévocablement perdu ? On voudrait espérer que non, car il contenait, peut-être en grand nombre, des pièces uniques, et quelques-unes même de troubadours dont le nom ne figure

---

[1] On verra plus loin qu'il y en a peut-être une troisième.
[2] Cf. Stengel, *Die beiden ältesten provenz. Grammatiken*, p. 29 a.
[3] *Ibid.*, p. 58 b.

aujourd'hui dans aucun autre. Je relèverai ici soigneusement tout ce que les citations de Redi nous en apprennent.

Il ne devait pas contenir de biographies. En effet, Redi qui cite souvent des vies de troubadours, d'après le ms. 41-42 de la Laurentienne (I° de M. Bartsch), n'en cite jamais aucune d'après le sien. Les poëtes désignés comme y figurant sont les suivants :

1. Aimeric de Belenoi,
2. Bernart de Ventadorn,
3. Comtesse de Die ou de Digne,
4. Elias de Barjol,
5. Gausbert de Poicibot,
6. Jaufre de Tolosa,
7. Perdigon,
8. Pons de Capdoil,
9. Raimbaud de Vaqueiras,
10. Le roi Richard,
11. Savaric de Mauleon.

A ces noms il faut peut-être ajouter celui de Rugetto da Lucca, poëte mentionné p. 104, sans indication de source (non plus qu'à l'*Indice*), parmi les Italiens qui ont composé en provençal, et qui ne se trouve cité nulle part ailleurs, si ce n'est dans Crescimbeni, qui ne le connaissait, comme nous, que par Redi.

Je vais reproduire, en suivant, comme dans la liste précédente, l'ordre alphabétique, tout ce qui est rapporté par Redi, d'après son ms., de chacun des poëtes qui la composent.

1. AIMERIC DE BELENOI.

P. 129. « *Naimeric de Bellenoi*, manuscritto Redi :

Onta eu n'ai gazanhat, e gran despit. »

2. BERNART DE VENTADORN.

L'article de ce poëte, dans l'*Indice*, est ainsi conçu : « Bernaldo del Ventadorn, poeta provenzale. Testo a penna della libreria di san Lorenzo e di Francesco Redi. 68 (*lis.* 66). 106. » Il paraît clair, d'après cela, que c'est l'exemple rapporté à la p. 106 qui est tiré du ms. de Redi ; ce qui est confirmé par ce fait que le premier se retrouve, en effet, identiquement dans le chansonnier de la Laurentienne dont Redi a fait usage, c'est-à-dire le n° XLI-42, au f° 18 v° (deuxième couplet de *Ara non vei lusir soleil*).

P. 106 : « *Bernardo del Ventadorn o del Ventadom*, nel fine d'una sua gobola.

> Sonet and a Madompna
> Qe es de luenck, e clam merce. »

3. LA COMTESSE DE DIE [1].

P. 78 : « *La contessa de Dia o de Digno:*

> El sou drutz
> vinen gai e forbitz. »

Voy. *Jaufre de Tolosa*.

4. ELIAS DE BARJOL.

P. 125 : « *Elia di Berzoli*, manuscritto Francesco Redi :

> Ara posc eu estar alegres e joios
> Que Bacch adolza medesin mi mal. »

5. GAUSBERT DE POICIBOT [2].

P. 103 : « *Puggibot:*

> En chantan de una stampida
> Coblas de bellas faissos. »

6. JAUFRE DE TOLOSA [3].

Redi, seul, nous a conservé le nom de ce poëte. C'est sans doute dans son ms. qu'il l'avait trouvé, bien qu'il ne le dise expressément nulle part [4].

P. 32 : « *Gieffre di Tolosa*, poeta provenzale :

---

[1] L'*Indice*, sous ce nom, ne renvoie à d'autre ms. que celui de Redi.
[2] *Indice* (p. 222) : « Puggibot, poeta provenzale, testo a penna di Francesco Redi. 103. »
[3] Manque dans l'*Indice*.
[4] Cela résulte d'ailleurs, implicitement, de ce que l'*Indice*, à l'article de la Comtesse de Die, renvoie à la p. 105, où il est question, en même temps que d'elle, de Jaufre de Tolosa, en citant seulement le « manuscritto di Francesco Redi. »

          Veiilb[1] el sang del racin
          Cal cor platz en ioi en rire. »

P. 81 : « Giuffredi di Tolosa, nella serventese ch' ei fece per amore d'Alisa damigella di Valogne, disse molte volte *piatat* in vece di *pietat:*

          A Madompna senes piatat
          Nuec, e dia eu clam mercè. »

P. 105 : « *Giuffrè di Tolosa* appella sonetto una certa filastrocca di versi, che arrivano al numero di trenta sei, indirizzata per risposta ad un simil sonetto della *Contessa di Digno,* o come altri dicono di *Dia,* pur anch' ella poetessa provenzale :

          Ben aja votre sonet
          Qe ar eu autre farai,
          Mais non aus si perfet
          Dir si con le darai,
          E de leunek en cantan
          Qer mostrar el meu afan :
          Dompna eu planc, e sospir, ec. »

7. Perdigon[2].

P. 104 : « *Perdicone,* poeta provenzale :

          Vaivassor ric, et poderos,
          Ke tien rics, et bos arneis. »

8. Pons de Capdoil[3].

P. 99, à propos de *motto:* « Ed è voce lasciata in Toscana da' rimatori provenzali. *Pons de Capdoill:*

          E'l mot keu cant si no es gai, e poli. »

9. Raimbaud de Vaqueiras[4].

P. 73 : « *Rambaldo de Vacheras:*

---

[1] *Vueilh?*
[2] *Indice* (p. 220): « Perdicione, poeta provenzale. Testo a penna di Francesco Redi. 104. »
[3] *Indice* (p. 221): « Pons de Capdoil, poeta provenzale. Testo a penna di Francesco Redi. 99. »
[4] *Indice* (p. 222): « Rambaldo de Vacheras, poeta provenzale. Manuscritto della Libreria di San Lorenzo, e di Francesco Redi. 66, 73. » A la p. 66, le ms de « San Lorenzo » est expressément cité.

> Lial drutz honrat, et pretzau
> Per la amansa
> En benenansa
> Inz el cor port honestat. »

10. Le Roi Richard.

P. 103 : « *Il re Riccardo*, manuscritto Redi :
> Coblas a teira faire adreitamen
> Per vos oillz enten dompna gentilz. »

11. Savaric de Mauléon[1].

P. 100 : « *Salvarico di Malleone* inglese, poeta provenzale che è quello stesso mentovato da Guiglielmo Britone nel poema della Filippide con nome di *Savaricus Malleo*, e da Matteo Parisio, e da Matteo Vestmonasteriense *Savaricus de Mallo Leone*, e da Rigordo *Savaricus de Malo Leone* :
> Doussament fai motz, e sos
> Ab amor que m'a vencut. »

Je n'ai pu retrouver aucune des citations précédentes dans les poésies qui nous ont été conservées sous le nom des troubadours auxquels Redi les attribue. Sont-elles donc tirées de pièces aujourd'hui inconnues ? Je ne me hasarderais pas à l'affirmer de toutes ; mais le fait paraît certain de plusieurs, tout au moins de celles de la comtesse de Die et de Jaufre de Toulouse.

Le nom même de ce dernier troubadour ne se trouve nulle part ailleurs que chez Redi, qui heureusement nous donne plus de détails sur lui que sur aucun autre. Quant à la comtesse de Die, avec laquelle Jaufre échangea des vers, je suis porté à croire que ce n'est pas la même que la trop tendre amie de Raimbaut d'Orange, et qu'il faut l'identifier avec celle dont Barberino parle dans les gloses latines de ses *Documenti d'Amore*[2] et dans son *Reggimento di donna*[3], laquelle dut vi-

---

[1] *Indice* (p. 223): « Salvarico di Malleone, poeta provenzale. Manuscritto di Fr. Redi. 100. »
[2] *Jahrbuch für rom. lit.*, XI, 54-55.
[3] Édit. Baudi di Vesme, p. 247, et peut-être aussi p. 109, où il est question d'une comtesse d'Erdia.

vre une cinquantaine d'années au moins après l'autre [1]. Nostredame, pour le dire en passant, n'aurait donc pas eu tort d'en compter deux.

On aura remarqué que Redi appelle aussi la comtesse en question *Contessa di Digno* (pp. 78, 105). Ubaldini, dans son édition des *Documenti d'amore*, mentionne également la « contessa di Dia o vero di Digno », qui est l'ancienne, d'après le ms. « di monsignor Gio. Battista Scannarola, vescovo di Sidonia. » Or ce ms., que l'on possède encore (c'est le nº XLVI-29 de la bibliothèque Barberini), ne donne, si j'en crois M. Bartsch (*Jahrbuch*, XI, 35), à la célèbre trouveresse d'autre nom que celui de *comtessa de Dia*. Il y a donc lieu de supposer que c'était aussi le seul nom que portait, dans le ms. de Redi, celle dont il est ici question, et que Redi et Ubaldini [2] ont emprunté

---

[1] Barberino, parlant d'un chevalier trop soigneux de sa personne, qui fut pour cela blâmé de la comtesse de Die, et qui se corrigea, ajoute: « Et vidi eum postea mirabiliter ordinatum », ce qui eût été impossible s'il s'agissait ici de la « Sapho provençale », Barberino étant né en 1264.

[2] Ubaldini, dans le copieux glossaire (*Tavola delle voci...*) qu'il a joint à son édition (la seule qu'on possède) des *Documenti d'amore* de Barberino (Rome, 1640), mentionne plusieurs mss. provençaux et leur emprunte des exemples. Mais tous ces mss. ont été identifiés et existent encore. Il n'en est pas de même malheureusement de ceux, du moins de plusieurs de ceux que Barberino lui-même avait eus à sa disposition, et dont des extraits assez nombreux ont passé, soit en substance, soit plus ou moins librement traduits, soit même transcrits littéralement, dans le *Reggimento di donna*, dans les *Documenti d'amore*, et dans les gloses latines, déjà mentionnées, de ce dernier ouvrage. M. Bartsch a publié des fragments très-intéressants de ces gloses dans le *Jahrbuch für rom. Lit.*, XI, 43-59. Je me borne à y renvoyer le lecteur, en remarquant seulement que l'anecdote rapportée p. 49 (f. 34 v. du ms.) se trouve aussi dans les *Conti di antichi cavalieri*, recueil de nouvelles d'origine provençale ou française en grande partie, ainsi que dans le commentaire de Benvenuto da Imola sur le chant XXVIII de l'*Enfer* de Dante, et que, p. 53, l. 4-5, il ne s'agit pas d'un « Folchet, dominus Naumerichi » (cf. p. 58, l. 24), mais d'un Folquet (différent de ceux que nous connaissons?) qui raconte d'un certain Aimeric l'anecdote rapportée en cet endroit. J'ajouterai qu'aux noms nouveaux d'auteurs provençaux qui nous sont révélés par les gloses en question, M. Bartsch aurait pu joindre celui de Giovanni di Brausilva, qu'Ubaldini avait déjà fait connaître, d'après les mêmes gloses, sous le mot *scudiere* de sa *tavola*. Voici l'article. Il paraît en résulter que ce Giovanni di Brausilva avait écrit une sorte d'*ensenhamen de la donzela*, dans le genre de celui d'Arnaut de Marsan.

« *Scudiere*. Sino a certa età in quella stagione, per rendersi atti alla cava

l'un et l'autre leur *o (o vero) di Digno* au premier traducteur italien de Nostredame, Giovanni Giudici, qui a changé en *contessa di Digno* (pp. 48-50) la *comtesse de Die* de l'original.

Les vers cités par Redi comme étant de Savaric de Mauléon (p. 100) et du roi Richard (p. 103) ne se trouvent certainement, dans aucun ms. aujourd'hui connu, sous le nom de ces troubadours. La vérification en est facile, en raison du petit nombre des pièces qui sont attribuées à chacun d'eux. Mais il se pourrait, comme pour Aimeric de Peguilain et les autres, que les pièces d'où ces vers sont tirés figurassent dans les mss. qui nous restent avec des attributions autres que dans celui de Redi.

XVIII. — *Chansonnier du comte de Sault*

Je ne mentionne ici ce célèbre chansonnier que pour mémoire, en ayant fait l'objet d'une étude particulière qu'on pourra lire avant peu dans mon édition de Jean de Nostredame, en ce moment sous presse. Il suffira d'avertir que l'identification proposée par M. Paul Meyer et par M. Bartsch, et aujourd'hui, à ce qu'il semble, généralement acceptée, du chansonnier de Sault avec l'original du ms. 2814 de la bibliothèque Riccardi à Florence, est démontrée impossible par les documents sur lesquels s'appuie surtout mon étude.

XIX. — *Chansonnier de Chasteuil-Gallaup*

Il y a lieu d'espérer que ce chansonnier n'est pas définitivement perdu. Du moins peut-on en suivre la trace jusqu'en 1816. A cette date, ainsi qu'il résulte de la mention qu'en fait Raynouard, au t. I, p. 140, du *Choix des poésies des troubadours*, il était en la possession de M. Fauris de S. Vincens. C'était, comme nous l'apprend Pierre de Chasteuil-Gallaup[1], p. 22 de

---

leria servivano i nobili giovanetti ai cavalieri, come si raccoglie dalle chiose de' Documenti del nostro autore. Ne le giovanette donzelle erano esenti da ciò, essendo, come egli stesso dice per l'autorità di Giovanni di Brausilva, scrittore provenzale, convenevole che stessero a servire altre donne sino all' età di dieci anni compiti. »

[1] Sur ce personnage et sur sa famille, voy. *Essays de littérature* (1702), p. 111; id. (1703), p. 363; *Supplément des Essays de littérature* (Paris,

son *Discours sur les Arcs triomphaux dressés en la ville d'Aix* (Aix, 1701), une copie d'un chansonnier de la bibliothèque du Louvre, aujourd'hui perdu, et qui n'a, à ma connaissance, jamais été décrit ni même mentionné ailleurs.

J'extrais de l'ouvrage précité tout ce qu'il nous apprend du contenu de ce ms.

P. 20. « Ils (les troubadours) agitoient dans leurs tençons des questions d'amours et les disputes amoureuses des chevaliers et des dames, dans lesquelles ils introduisoient en forme [p. 21] de dialogue deux ou trois poëtes, l'un desquels proposoit la question, et sur les diverses opinions des uns et des autres, et après avoir déduit les raisons qu'ils avoient pour soutenir leur cause, ils convenoient de les faire juger par les grands seigneurs et par les dames de la cour de nos princes, qu'ils choisissoient eux-mêmes pour juger, auxquels ils remettoient la décision de leurs différends. C'est ce que j'ai justifié par la lecture des tençons de nos troubadours, ceux qui en ont écrit avant moi n'ayant pas assés expliqué la chose ;... et ce n'est que par la lecture d'un ms. qu'Hubert de Gallaup, avocat général en ce parlement (d'Aix), mon frère, fit transcrire sur celuy qui est dans la bibliothèque du Louvre, contenant la vie et les œuvres de nos troubadours provençaux, que je découvre l'origine et l'établissement de ce parlement d'amour, qui est le sujet que j'expose en cet arc.

» La première tençon qui se trouve dans ce ms. est une dispute entre trois troubadours qui sont *En Savaric de Mauleon, En Gausselin Faidits,* et *En Ugo de la Baccalairia.* (Suit l'analyse de cette tençon[1].)

» .... [p. 23] Dans la tençon qui suit, le comte de Foix est seul choisi pour juge[2], et dans presque toutes les autres, les seigneurs et les dames sont indifféremment choisis pour le

---

1703), pp. 146-156; Rouard, *Notice sur la Bibliothèque d'Aix,* pp. 277-279, et surtout Roux Alphéran, *les Rues d'Aix,* I, 163-169.

[1] C'est la pièce *Gaucelm tres jocs enamoratz,* qui a été publiée plusieurs fois et qu'on trouve dans presque tous les chansonniers provençaux.

[2] C'est probablement la tenson *Gaucelm Faydit, de dos amics corals,* où le second interlocuteur est Aimeric de Peguillan, et dont le jugement est remis au seul comte de Foix. Cette tenson, qui nous a été conservée dans un grand nombre de mss., a été publiée plusieurs fois. Voy. Bartsch, *Grundriss,* 10, 28.

jugement de la question proposée par les troubadours ; et, à la vérité, on trouve en ces sortes de poésies que, dans la rudesse du langage et dans l'ignorance du siècle, on ne manquait pas toutefois d'esprit ni de politesse, ainsi qu'on l'observera dans les deux autres sujets de tençons que je mets pour éclaircir entièrement la matière. En l'une, il est proposé si une dame qui avoit pris des présens d'un chevalier pour le don d'amoureuse mercy, pour me servir de leurs termes, et si le galant qui avait fait de semblables présents n'avoient pas commis l'un et l'autre de simonie en amour ; l'un soutenoit que les dons d'amour sont spirituels, qu'ils ne pouvoient ni ne devoient être achetez ni vendus, que toute sorte de pactes lucratifs en cette matière étoient simoniaques ; qu'ainsi tant le chevalier que la dame étant convaincus de ce crime avoient encouru la peine d'excommunication en amour. L'autre répondoit au contraire, qu'il n'y avoit point de spiritualité en ce fait, que tout y étoit corporel, réel et sensuel ; et que par ainsi il n'y avoit pas lieu de simonie ; et que même dans le mariage on se faisoit des dons mutuels autorisez par la loy et par la coutume. Concluoit à ce que son collegue fût déclaré non recevable en une semblable demande, en laquelle le seul procureur général d'amour étoit partie légitime[1].

» En l'autre, qui étoit survenue entre Alfonse, roy d'Aragon et Giraud de Borneuil, en laquelle on agite s'il est meilleur pour une dame d'être aimée de son prince ou d'un gentilhomme, le roy soutient qu'il n'y a point de proportion et de choix à faire sur un pareil sujet[2]. »

[1] La tenson ici analysée était-elle un des *unica* du ms. du Louvre ? Je ne ne sais pas la retrouver parmi celles qui ont été publiées ; j'ai pourtant comme un vague souvenir d'en avoir lu une sur le même sujet.

[2] C'est la tenson *Bem plairia senher reis* (Bartsch, 242, 22 et 324, 1). On remarquera l'attribution formelle qu'en fait Chasteuil, sans doute d'après son ms., à Alfonse [II]. M. Bartsch la donne à Pierre II, je ne sais d'après quelle autorité. Le ms. de Modène et ceux de Paris disent seulement *lo rei d'Aragon*. M. Bartsch mentionne, outre ceux-ci, le ms. 2909 de Florence. Mais c'est peut-être par erreur, car on ne trouve pas notre tenson dans la table de ce ms. publiée dans l'*Archiv* de Herrig, 33, 413. — On possède une tenson française entre Andreu de Paris et un « roi d'Aragon », que l'on a supposé également être Pierre II. Voy. *Archiv*, XLII, 329, où cette tenson est imprimée, d'après le chansonnier de Berne, qui seul l'a conservée.

P. 28. Il s'agit de Martial d'Auvergne et de ses *Arresta amorum* : « Il est certain que ces arrests ont été pris la plupart dans les ouvrages de nos troubadours. Il étoit d'un temps voisin de la cessation de notre poésie et d'un païs qui avoit donné beaucoup de poëtes à la Provence, et particulièrement Giraud de Borneil, dit *Maestre dels trobadors*, qui étoit de la même ville et qui vivoit un siecle avant luy. Et c'est sans doute des ouvrages de ce poëte qu'il avoit pris ces arrests qui furent reçus avec tant d'applaudissements... »

De la courte citation provençale faite dans ce passage, il résulte clairement que Chasteuil-Gallaup connaissait la biographie provençale de Giraud de Borneil, laquelle se trouvait sans doute dans son ms. Il se trompe du reste, induit probablement en erreur par Lacroix du Maine, en faisant de Martial d'Auvergne, né à Paris, un compatriote de Giraud de Borneil, qui florissoit, en outre, non pas cent ans, mais trois cents ans avant lui.

P. 32. « N'Azalaïs de Porcairagues... étoit du voisinage de la ville de Montpellier, et étoit très sçavante en poësie ; elle étoit amoureuse de Guy Guerciat, frere de Guillaume de Montpellier, pour lequel elle avoit composé plusieurs belles chansons. »

Ici Chasteuil-Gallaup ne cite pas son ms. ; mais comme Nostredame, qu'il ne fait ordinairement que répéter ou amplifier, quand il n'ajoute pas quelque invention nouvelle à celles de ce dernier, ne mentionne nulle part Azalaïs de Porcairagues, il parait évident que Chasteuil a pris cette notice dans son ms. Elle est d'ailleurs identique à celle que le ms. 854 de la B. N. nous a conservée et qui a été plusieurs fois publiée dans l'original.

P. 34. « Pons de Merindol, gentilhomme de cette province (c'est-à-dire de Provence), est le quatrième qui est peint au bas de ce tableau, et, bien que Nostradamus ne l'ait point connu pour poëte, il l'étoit toutefois, et voicy de quelle manière en parle mon ms. :

« Pons Merindol si fo un gentil castelans de Proença, seigner de Merindol que es en riba de Durença, valens cavaliers, larcs, bon guerriers, bon avinens, et bon trobador. Enamoret se de na Castelosa gentil donna d'Alvergne, que era en la

cort de la reina Beatrix de Proença, que lo amet e fet de lu
mantas bonas cansos; era la donna mout gaia, mout ensei-
gnada et mout bella. »

Cette notice et le nom même de Pons de Merindol ne se
trouvent nulle part ailleurs. Il est probable qu'au moins une
pièce de ce troubadour devait la suivre dans le ms. du Louvre.
Quant à Castelosa, on possède de cette dame trois chansons,
et sa biographie nous a été conservée, mais celui qu'elle aimait
y est nommé Arman de Breon.

P. 36. « Il étoit juste... de rapporter un arrêt de cette cour
(la prétendue Cour d'amour), rendu contre une celebre co-
quette. Elle étoit accusée d'avoir vendu les dons d'amour à un
galand qui l'en prioit depuis quelque temps, d'avoir fait con-
sumer tout le bien de ce pauvre amant à des dépenses inu-
tiles, et qu'après l'avoir ainsi épuisé, elle ne l'avoit plus voulu
reconnaître.... Je tais le nom de cette dame aussi bien que
celui du galand, à l'exemple du compilateur des arrests[1], bien
que j'ay trouvé dans mon manuscrit que la dame étoit belle et
jeune, d'un nom et d'une qualité à ne devoir pas commettre
une semblable faute. »

Après son *Discours sur les Arcs triomphaux*, Pierre de Chasteuil-Gallaup publia, sous le voile de l'anonyme, pour répondre
aux critiques dont cet ouvrage avait été l'objet de la part de
Pierre Joseph de Haitze, une brochure ayant pour titre *Réflexions sur le libelle intitulé* Lettre critique de Sextus le Salien à Euxénus le Marseillois (Cologne [Aix], 1702), d'un passage de laquelle (p. 34) résulte avec évidence qu'il connaissait
le sirventes du moine de Montaudon, *Pois Peire d'Alvernhe a
cantat*, l'enuey du même: *Fort m'enoia si l'auses dir*[2], et la biographie provençale de Folquet de Marseille, dont il rapporte

[1] Martial d'Auvergne, dans ses *Arresta amorum*, dont c'est le trentième. Il
semble, par ce qui suit, que le ms. du Louvre contenait une tenson sur le
même sujet. Je ne sais pas la retrouver parmi celles que nous possédons encore.
[2] Il résulte du même passage que Pierre de Chasteuil avait reconnu l'identité, d'ailleurs de soi assez évidente, du moine de Montaudon et du prétendu
moine de Montmajour. « Voici, dit-il, le Monge de Moutaudon que les Nostradamus ont connu sous le nom de Monge de Montmajour, dit *lou flagel
das troubadours* »

même un fragment[1]. Il est extrêmement probable qu'il avait trouvé le tout dans le ms. de son frère.

Voilà tout ce que nous apprend, ou nous permet de deviner, du chansonnier du Louvre, le *Discours* de Chasteuil-Gallaup sur *les Arcs de triomphe* et ses *Réflexions sur la lettre de Sextus le Salien.*

C'est peut-être à ce même chansonnier du Louvre qu'il convient d'appliquer, plutôt qu'au n° 854 actuel de la B. N., comme l'a cru J. Bauquier, le passage suivant d'une lettre de la Bastie à Mazaugues, datée du 23 février 1737 (*Revue des l. r.*, XVIII, 187). La Bastie vient de parler « des manuscrits du Roy », parmi lesquels « il y en a cinq de nos Troubadours », et il ajoute : « Le plus ancien de touts ces manuscrits est celuy duquel M. de Chasteuil-Gallaup avoit fait la copie que vous avés ; je l'ay vû et parcouru ; c'est un in-folio en velin, très-bien écrit et très-bien conservé, dont ce que nous appelons les lettres grises sont enluminées de figures en miniature. » Cette description conviendrait parfaitement, comme l'a remarqué Bauquier, au ms. 854 de la B. N. Mais la Bastie parle de cinq manuscrits des *troubadours*, c'est-à-dire, je suppose, de chansonniers seulement. Or la Bibliothèque du roi n'en possédait alors, sauf erreur de ma part, que quatre, les numéros actuels 854, 856, 1592 et 1749. Le cinquième pouvait bien être celui du Louvre, qui était aussi un « manuscrit du Roy. » Dans ce cas, il aurait différé fort peu, quant à la condition et à l'apparence extérieure, du n° 8225 de la Bibliothèque du roi, qui est notre 854 actuel.

Sainte-Palaye avait dû faire des extraits du chansonnier du Louvre ; mais on n'en trouve aucun parmi les copies qu'il a laissées et qui sont conservées à la bibliothèque de l'Arsenal. Il y a malheureusement une lacune dans la série des recueils de ces copies. Celui qui devait être coté F manque. On passe brusquement dans le volume dont il aurait fait partie (B. l. fr. 55, t. IV) de E, qui correspond au n° 7698 de la Bibliothèque du roi (aujourd'hui B. N. 1749), à G, qui est un extrait du chan-

---

[1] Le voici, tel qu'il le donne : « Et avenc qu'aquella donna moric et en Barraill ou marit d'ella et seignor de lui, que tan li fasia d'onor el bons coms Reimond de Tolousa el bons reys Ricard el reys Amphos d'Aragon, don et per tristessa abandonnet lo mon et se rendet a l'orde de Cisteous. »

sonnier d'Urfé (aujourd'hui B. N. 22543). Les recueils A, C, D, renferment les copies des autres chansonniers de la Bibliothèque du roi ; B, celles d'un ms. de Lancelot, qui était lui-même la copie d'un manuscrit de Mazaugues, provenant de Peiresc (aujourd'hui à Oxford). C'est-à-dire que A, B, C, D, E, G, sont les copies respectives, partielles bien entendu pour la plupart, de tous les chansonniers provençaux qui existaient à Paris vers l'année 1736, excepté celui du Louvre. Aussi me parait-il extrêmement probable que c'est dans F que devaient se trouver les extraits de ce dernier[1]. Nous aurions dans ce cas vraiment joué de malheur en perdant ainsi, de toutes les laborieuses transcriptions de Sainte-Palaye, justement la seule qui aurait aujourd'hui du prix pour nous.

XX. — *Manuscrits de Mlle Lheritier de Villadon.*

On a attribué à Richard Cœur-de-Lion, avec assez peu de vraisemblance, à mon avis, une pièce, ou du moins la moitié d'une pièce provençale, de laquelle on rapporte douze vers qui peuvent être ou un couplet d'une chanson, ou un fragment d'un « breu » à rimes plates. Je n'ai su trouver ces vers dans aucun des recueils de poésies provençales que nous possédons. L'auteur qui les a publiés le premier, Mlle L'Heritier de Villadon [2], prétend les avoir trouvés dans deux mss., l'un intitulé : *Chronique et fabliaux de la composition de Richard, roy d'Angleterre, recueillis tout de nouvel et conjoints ensemblement par le labour de Jehan de Sorels, l'an 1308*; l'autre, « d'un auteur anonyme qui se trouve très-conforme dans les faits qu'il rapporte du roy Richard, avec ce qu'en a écrit le

---

[1] Après G, de H à X inclus, viennent les copies des mss. d'Italie, parmi lesquelles est intercalée (F) celle du ms. de Caumont (aujourd'hui B. N. 15211), qui dut n'être faite qu'après le premier voyage de Sainte-Palaye en Italie.

[2] Dans la préface du petit roman intitulé *la Tour ténébreuse et les Jours lumineux, contes anglois.* Paris, Barbin, 1705, d'après Tarbé. L'édition que j'ai sous les yeux est d'Amsterdam, 1708. Sur l'auteur, voy. dans la *Bibl. des romans*, t. 2 de juillet 1776, une courte notice, qui suit un extrait du roman précité. C'est là que j'ai pris le nom que je lui donne. Tarbé l'appelle Mlle Lheritier de Valandon.

roy lui-même dans le ms. de Jean Sorels. » — « Fauchet, dit-elle, qui a écrit si doctement des antiquités françoises, quoi qu'il fasse mention de la chanson en langue provençale que Blondel et le roy d'Angleterre avoient faite à eux deux, ne rapporte point cette celebre chanson, ce que fait la chronique composée par le roy Richard et le manuscrit de l'auteur anonyme. »

Voici ces vers :

Chanson en langue provençale dont commencement est de Blondel et la fin du r y Richard.

  Donna vostra beutas
  E las bellas faissos
  Els bels oils amoros
  Els gens cors ben taillats
  Don sieu empresenats
  De vostra amor que mi lia,
  Si bel trop affansia
  Ja de vos non partrai
  Que major honor ai
  Sol en votre deman
  Que sautra des beisan
  Tot can de vos volrai.

Ces douze vers, qui expriment un des lieux communs les plus ordinaires de la poésie amoureuse des troubadours, ont passé du roman de la *Tour ténébreuse* dans la *Bibl. du Poitou* de Dreux du Radier, I, 289; dans l'*Histoire des Croisades* de Mills (trad. franç., II, 388), et enfin dans l'appendice de l'édition de Blondel de Nesle, donnée en 1862 par Tarbé, qui déclare les avoir tirés de ce dernier ouvrage.

M{}^{lle} Lhéritier cite, immédiatement après, cinq vers d'une chanson « en ancien langage françois, appelé langage roman », de Blondel de Nesle, et donne ensuite le sirventes de Richard *Ja nuls hom pres*, dans sa forme provençale, quoiqu'elle le prétende écrit aussi « en langage roman. » Ce sirventes n'a là que quatre couplets et une tornada, les mêmes que dans Raynouard. Mais il y a entre les deux textes trop de différences pour qu'ils puissent provenir d'une même source. Celui de M{}^{lle} Lhéritier concorde, sauf l'absence de la seconde tornada, l'omission d'un vers au second couplet, quelques variantes de graphie et des fautes évidentes de lecture ou d'impression, avec le ms. 12472 de la B. N., dont celui de Raynouard s'écarte au contraire sensiblement [1]. Si ce n'est pas de ce ms. que provient le texte de Mlle Lhéritier, c'est certainement d'un ms. de la même famille. Ce texte a été reproduit par Tarbé, avec celui de Raynouard, non sans quelques inexactitudes, pp. 115-117 des *Œuvres de Blondel de Nesle*.

XXI. — *Manuscrits utilisés par Achard*

Le *Dictionnaire de la Provence et du Comté Venaissin* (Marseille, 1785-7), publié par une « société de gens de lettres », dont le principal fut François Achard, mort en 1809, est loin de mériter partout une entière confiance. Il peut être utile néanmoins de relever les quelques mentions ou extraits de mss. qu'on y trouve. Ces mentions, malheureusement, de même que les citations, manquent toujours de précision, en sorte qu'il est impossible de savoir si les mss. vus par Achard ou ses collaborateurs sont différents de ceux que nous connaissons par d'autres témoignages.

T. III, p. x du discours préliminaire, à propos des troubadours : « Il semble qu'après les vies de ces poëtes, données depuis peu par M. l'abbé Millot, d'après les recherches de M. de Sainte-Palaye, la matière doit être entièrement épuisée ; nous avons cependant trouvé des anecdotes curieuses et peu connues dans des mss. anciens qu'on a bien voulu nous communiquer. » C'est dans la *Dissertation sur les troubadours*, qui occupe les pages 350-401 du t. IV, et dont Nostredame a en majeure partie fourni la matière, — ce qui indique assez le cas qu'on en doit faire, — que les mss. en question ont été utilisés. Je vais suivre, dans l'ordre même du volume, tous les articles auxquels ils ont fourni, ou peuvent paraître avoir fourni quelque chose [2].

---

[1] Raynouard ne connoissait pas le ms. 12472 quand il publia le sirventes de Richard. D'où a-t-il tiré son texte? S'il faut s'en rapporter à M. Bartsch, *Grundriss*, 420, 2, cette pièce ne se trouve aujourd'hui que dans trois mss. provençaux, et le n° 12472 de la B. N. est le seul de ces trois où elle n'ait que les quatre couplets que Raynouard lui donne.

[2] Je néglige ce qui, étant donné d'ailleurs sans indication de source, me paraît avoir été extrait de Millot ou de Papon.

P. 352. *Elyas de Barjols*. En note : « M. l'abbé Millot et après lui M. Papon le disent natif de Payols en Agenois. Nos manuscrits nous assurent le contraire. » D'où nous devons conclure que ces mss. ne renfermaient pas la biographie du poëte. On y voyait seulement son nom en tête de ses poésies.

P. 358. *Folquet de Marseille*. Achard rapporte en entier le cantique *Vers dieus et vostre nom e de santa Maria*. Mais il peut l'avoir pris dans Catel, qui l'a publié le premier, d'après son ms. (aujourd'hui B. N. 856). A la fin de l'article, p. 361, après avoir mentionné diverses poésies de Folquet, l'auteur ajoute : « On lisoit ces pièces avec les poëmes de cent vingt poëtes provençaux dans un manuscrit qui appartenoit à M. de Caseneuve, au rapport de Ruffy [1]. Nous en avons un sous les yeux, très-étendu. »

P. 362. *Cadenet*. A la suite d'une traduction assez exacte de la biographie provençale de ce troubadour, Achard met en note : « C'est la traduction littérale de nos manuscrits. »

La biographie de Cadenet ne se trouve aujourd'hui que dans cinq mss., dont deux à cette époque étaient à Paris, deux autres à Rome, et le dernier à Milan.

P. 375. « *Durand*, tailleur de Paernas, manque dans nos manuscrits. »

P. 379. Note *a*. On y rapporte, sans indication de source, le sirventes de Richard Cœur-de-Lion, *Ja nuls hom pres*, tel que Raynouard le donna plus tard, je veux dire seulement sans les deux derniers couplets et la seconde tornade, car il y a entre les deux textes des différences qui excluent l'hypothèse d'une source commune [2].

P. 385. « *Pierre de Chateauneuf*, de Molegès, gentilhomme d'Arles...., consacra la plupart de ses vers à Jeanne de Por-

---

[1] C'est le même que celui de Catel.

[2] Celui d'Achard reproduit assez exactement, sauf la seconde tornade omise, la leçon du ms. 12472 de la B. N., qui, en 1785, était en Provence et qu'Achard dès lors, a pu connaître. Je noterai à cette occasion qu'il existe à la bibliothèque de Carpentras (*Additions aux mss. de Peiresc*, n° 10) une copie moderne (XVIIe-XVIIIe siècle?) du sirventes de Richard, qui, comme chez Raynouard, Achard et Mlle Lhéritier, n'a que quatre couplets et une tornade. Elle a dû être prise, comme celles d'Achard et de Mlle Lhéritier, sur un ms. très-semblable au n° 12472, sinon sur celui-là même.

cellet, et composa un poëme à la gloire de Beatrix, comtesse de Provence. C'est là ce que nous indique un vieux manuscrit sur les anciennes familles de Provence. »

Il ne nous est rien resté de ce troubadour, qui figurait dans le chansonnier de Bernart Amoros, et dont la biographie se trouve parmi les *Vies*, plus ou moins fabuleuses, de Jean de Nostredame, p. 142. Ce dernier ne dit rien, non plus que son neveu César, de Jeanne de Porcellet, bien qu'Achard prétende, par suite de je ne sais quelle méprise, que « Nostradamus dit que Pierre n'adressa des poésies à Béatrix que pour masquer ses amours avec Jeanne de Porcellet. » Il n'y a rien de tel chez aucun des deux Nostredame. Achard a peut-être confondu ici P. de Chateauneuf avec Hugues de « Santeyre », de qui les Nostredame racontent, en effet, quelque chose de pareil ; mais le nom de la dame n'est pas le même.

P. 393. *Pierre de Ruere*. Après avoir raconté la vie de ce poëte, telle que la rapporte Nostredame, Achard ajoute : « Un manuscrit sur les Troubadours, qui mérite quelque confiance, fait mention d'un *P. Ruère*, qui débita ses vers avec tant d'élégance, devant une société de campagne, qu'il mérita les plus généreux effets de la reconnaissance des seigneurs qu'il venait d'amuser. Si c'est le même poëte, Nostradamus et ceux qui l'ont suivi ont inventé une fable, et le déguisement de pelerin n'est qu'un conte fait à plaisir. »

P. 397. *Bernard Rascas*. « La cour du pape attiroit à Avignon les gens d'esprit. Bernard y fit des vers en l'honneur de Marguerite de Villeneuve. » Et en note : « Nostradamus dit que Rascas fit des chansons qu'il adressa à Constance d'Astraud. »

Si les précédentes assertions d'Achard méritent confiance, i' en résulte :

1° Qu'il a eu à sa disposition au moins deux chansonniers provençaux, autres que ceux que nous possédons aujourd'hui (peut-être celui de Perussis et celui de Chasteuil-Gallaup [1]);

2° Que ces chansonniers contenaient des biographies, parmi lesquelles celle de Cadenet ;

---

[1] Il aurait pu aussi avoir connaissance, comme je l'ai déjà remarqué, du ms. B. N. 12472, qui était alors en Provence. Je ne sais si celui de Caumont (auj. B. N. 15211), en était déjà sorti. Ces mss. ne contiennent pas de biographies.

3° Que ces chansonniers contenaient des poésies d'Elias de Barjols, sans la biographie de ce troubadour, et qu'il ne s'y trouvait rien de Durand de Pernes ;

4° Qu'outre ces chansonniers, il a eu connaissance d'autres mss., attestant l'existence des troubadours Pierre de Chateauneuf, P. Ruere, Bernard Rascas, et donnant sur leur compte quelques détails biographiques.

XXII. — *Poëme composé par Albusson de Gourdon à la louange d'Aymery de Narbonne*

On lit dans Fauriel, *Hist. de la poésie prov.*, II, 417 : « Le savant Catel possédait une copie et cite quelques vers d'un second roman sur les exploits de ce même Aymeric [c'est-à-dire du premier Aymeric de Narbonne, le prétendu auxiliaire de Charlemagne dans ses conquêtes sur les Sarrazins]; roman qui avait été composé en 1212 par un troubadour nommé Aubusson, de Gourdon, en Querey. »

Il y a dans ces lignes une double erreur. Ce n'est pas Catel, c'est Caseneuve qui a mentionné, dans le *Franc Alleu de la province de Languedoc*, p. 37 de la 2ᵉ édit. (Toulouse 1645), comme lui appartenant, le roman dont il s'agit, et qui en a rapporté six vers. De plus, il ne résulte nullement du peu qu'il en dit que ce roman fût consacré à glorifier les exploits du légendaire Aymeric de Narbonne. Voici le passage entier :

« J'ay chez moy un poëme en langue provençale manuscrit, rimé grossièrement comme sont les romans de ce temps-là, composé par un poëte de Gourdon en Querey nommé Nalbusson, à la louange d'Aymery, vicomte de Narbonne, et d'Arnaud, archevesque de la mesme ville, c'est-à-dire environ l'an M.CCXII., dans lequel il dit, entre autres louanges de la ville de Narbonne, qu'elle sera toujours de la loy romaine :

>   Dins la honrada ciutat de Narbona
>   A cui dieus don aventura bona
>   Qu'ella es mout rica e honrada
>   E de pros homes es poblada
>   Et aitant quant lo segle durara
>   De la ley romana sera. »

— 42 —

Qu'est devenu ce ms. de Caseneuve ?

Le même savant, dans ses divers ouvrages, cite assez fréquemment d'autres textes provençaux, comme le roman de *Girart de Rossillon*, et des chansons de maints troubadours, Guillaume IX, Jaufre Rudel, Giraud de Borneil, Folquet de Marseille [1], le moine de Montaudon, Peire Cardinal, Peire Vidal, Sordel, etc.; mais c'est d'après des mss. que nous possédons encore.

XXIII.— *Poëme sur la prise d'Almérie*

Fauriel, que j'ai cité tout à l'heure, mentionne sous le titre ci-dessus (*Hist. de la poésie prov.*, III, 510) un autre poëme provençal, aujourd'hui perdu, et qui au XVIIe siècle existait encore. Malheureusement ce qu'il en dit n'est rien moins que sûr. Son unique garant, qui est Gariel, ne dit pas en quelle langue le poëme en question était composé ; et, comme cet auteur parle en l'endroit cité (*Idée de la ville de Montpellier*, 3e partie, p. 119), de deux poëmes, dont le premier, duquel il rapporte huit vers, est en latin, il semble y avoir lieu de croire que le second l'était aussi. Voici, du reste, ses propres paroles : « Un autre vieux poëme que je ne tiens pas fort assuré, fait battre ce jeune prince [Guillaume VI de Montpellier] en duel avec un officier more qui bravoit en Goliath nostre armée, et le represente sans main et sans teste à ses pieds apres de grands efforts de valeur et de courage. »

XXIV. — *La Canso de san Gili*

Tel est le titre donné par Du Mège a un poëme provençal sur la première croisade, dont l'existence n'a malheureusement d'autre garant que celle de cet écrivain si peu digne de

---

[1] Je noterai en passant que Caseneuve a émis, au sujet de ce dernier troubadour, une idée assez singulière et à coup sûr fort inattendue de la part d'un ecclésiastique : « Il semble, dit-il, que la Providence divine ne lui eût pas tant procuré la dignité d'evesque de Toulouse pour y abattre, par ses soins et par ses prédications, l'hérésie des Albigeois, que pour y relever par son exemple la gloire de la poesie provençale. » (*Origine des Jeux floreaux*, p. 60.)

confiance, car on ne sait où se trouve le ms. dont il prétend s'être servi. Aussi n'inséré-je pas ici sans hésitation ce qu'il en rapporte, car il pourrait bien l'avoir inventé, comme il a inventé tant d'autres choses.

Ces réserves faites, voici ce que nous apprend Du Mège de la *Canso de san Gili* :

Histoire de Languedoc, t. VI (1843), add., p. 39 : « La *Canso de san Gili*, poëme inédit en langue romane, conservé autrefois dans la bibliothèque des Cordeliers de Toulouse, et dont on possède une copie, faite en 1779, mentionne un Arnaud de Grava qui aurait assisté à la prise de Jérusalem en 1099, avec le comte Raymond de Saint-Gilles, dont il portait la bannière. Ce poëme était composé de soixante et douze strophes, mais il en manque un assez grand nombre ; la XXXVIII° est ainsi conçue :

E fo presa la vila l'assalt aytal [1] darrier
E li Tolsas i son ab gran alegrier
A la tor an mandat per lo siu [2] messatgier
Que rendutz se volen al coms trop volentier
Glazi ni sanc ni mortz destructz [3] ni flamier [4]
No doptan ni daleu no seran caitivier
E lo an recebutz [5] senhor et domengier
Lo coms que [6] fait pausar sos lo mur bathaler [7]
El so bel auriban la ont y [8] fa mestier
Per so drutz e lials [9] e discret galaubier
En Arnautz de Grava li discret [10] cavalier
D'un castel ric e fort en dels [11] de Momspelier [12]
E lo pais navia senhor tan sobrancier
Fors Narnautz Vilanova, savis e dreiturier
Quera drutz den Ramon e lo siu [13] escudier.

Ces quinze vers sont reproduits, sauf quelques variantes fournies sans doute par Du Mège, et que j'ai indiquées en note, au t. VI, 2° partie (1844), p. 12, des *Galeries historiques de Versailles* (article d'Arnaud de Grave). Ils y sont précédés des lignes suivantes, qui ont dû être aussi, en substance tout

---

[1] Aitol. — [2] sieu. — [3] destructz. — [4] flamier. — [5] ressaubut. — [6] qua. — [7] battailler. — [8] lo hont i. — [9] feals. — [10] l valen. — [11] dels dex. — [12] Monspelier. — [13] sieu.

au moins, communiquées par Du Mège, et qui ajoutent quelques détails à ceux qu'on a lus plus haut. « Un poëme inédit, en langue romane, ayant pour titre la *Canso de san Gili*, raconte le départ de Raymond, comte de Toulouse, pour la Terre Sainte et ses exploits dans ce pays jusqu'à sa mort. Ce document curieux, dont l'auteur affirme avoir suivi Raymond en Orient, donne des détails sur la prise de Jérusalem et la reddition de la Tour de David aux chevaliers toulousains. On lit dans la strophe qui raconte ce fait…»Suit la traduction des vers ci-dessus transcrits. On ajoute, en note, avant d'en donner le texte : « Le ms. de la *Canso de san Gili*, provenant de la bibliothèque du couvent des Cordeliers de Toulouse, est publié en ce moment dans les additions et notes de la nouvelle édition de l'*Histoire de Languedoc de D. de Vic et de D. Vaissète*, par Alexandre du Mège, inspecteur des antiquités à Toulouse. »

Le fait est, quoi qu'on en dise ici, peut-être encore d'après une communication de Du Mège lui-même, que celui-ci ne publia jamais de la chanson, réelle ou prétendue, de *san Gili*, que les quinze vers imprimés au t. VI de l'*Histoire de Languedoc*. Seulement il avait déjà, dans ses additions au t. III, pp. 108 et 110, donné la traduction d'une « strophe » et le sommaire d'une autre, et en outre les noms de plusieurs des chevaliers de Languedoc qui figurent dans le poëme. Je crois devoir transcrire le tout, afin que rien ne manque ici de ce qu'il a daigné nous apprendre de la *Canso de san Gili*.

T. III, add., p. 108 : « L'auteur de la *Canso de san Gili*[1] dit peu de chose de la bataille de Dorylée. Il montre l'étonnement que les soldats de Provence ressentirent en voyant leurs frères enveloppés par l'ennemi, et déjà les femmes, les enfants et le peuple, emmenés en esclavage. Voici la traduction de l'une des strophes relatives à ce combat célèbre :

« Quand l'évêque (Aymard) vit les soldats de France enveloppés par les payens, il appela à lui tous les nobles barons, et il leur dit : « Barons, vous voyez que l'ennemi environne

---

[1] Jusque-là du Mège n'avait pas parlé de cet ouvrage, et il le cite ici comme si le lecteur le connaissait déjà. Ce n'est qu'au t. VI qu'il juge à propos d'en indiquer, comme on l'a vu, la nature et la provenance.

le camp de nos frères en Jésus-Christ et emmène déjà leurs femmes, leurs petits enfans et le peuple. Souffrirez-vous, seigneur comte, et vous tous, que cette honte nous soit attribuée, que nous ayons laissé nos compagnons mourir sans venir à leur secours, et les femmes, les enfans et le peuple emmenés sous nos yeux en esclavage?—Nous n'aurons point cette honte dont vous parlez, dit alors le comte de Saint-Gilles. Allez, seigneurs barons, et vous tous, marchez sous la croix, et criez: Toulouse! Car c'est pour la croix que nous avons abandonné nos biens, et encore pour que Toulouse soit toujours protégée du Ciel. Et tous ayant levé les lances prirent leur course vers le camp des payens. »

» Dans une autre strophe, le poëte raconte que saint Gilles et saint Robert, saint Demetrius et saint Georges furent aperçus armés de toutes pièces, montés sur des chevaux blancs, et mettant en fuite les Turks. Les chroniqueurs disent qu'après la victoire, les Croisés invoquèrent saint Georges et saint Démétrius, qu'on avait vus, disait-on, combattre dans les rangs des chrétiens. Il faut, d'après notre poëte, joindre aux noms des deux saints invoqués ceux de saint Gilles et de saint Robert: l'un qui avait imposé son nom a un lieu dont Raymond IV était comte, et l'autre qui était le saint protecteur qu'il avait choisi, sur le tombeau duquel il était allé prier à la Chaise-Dieu avant de partir, et dont il portait avec lui la tasse comme une précieuse relique. Dans la suite, les Arméniens construisirent une église près de Dorylée : ils s'y réunissaient chaque année, le premier vendredi du mois de mars, et croyaient voir apparaître encore saint Georges à cheval et la lance à la main. »

P. 110 (note 43). « On trouve dans la *Canso de san Gili* le nom de Bernard de Pardilio et de beaucoup d'autres chevaliers du Languedoc, et principalement de Toulouse, morts en combattant glorieusement dans la Palestine. Parmi ces noms on distingue ceux de Bernard de Roasse (Roaix), Bertrand lo Ros (le Roux), Hugues de Limos, Adalbert de la Mothe, Pons Isalbert, Jean d'Aurival, Raymond Palais, A. de Villeneuve, Jean Joannis, Hugues de Marcafave, Geraud de Castillon, Jean de Lordat, Rostaing de Montaigut, et d'un grand nombre d'autres. »

XXV. — *Manuscrits de Philomena*

On connaît deux mss. anciens[1] de ce roman provençal, dont personne ne paraît encore avoir songé, bien qu'il ne soit pas très-long, à nous donner une édition complète. Du Mège, qui en a publié de longs extraits dans les notes de son édition de l'*Histoire de Languedoc*, t. II, Add., pp. 16-32, en avait vu, à ce qu'il affirme, et en a utilisé, comme il paraît par les variantes données au bas des pages, un troisième dont il parle ainsi : « Le troisième ms. provenait, d'après une note assez ancienne, écrite sur le verso du premier feuillet, de l'abbaye de Saint-Savin, diocèse de Tarbes. Plusieurs pages en ont été enlevées au milieu et à la fin de ce volume, qui est un petit in-4°. Les leçons sont le plus souvent conformes à celles de la copie de Doat. »

Si ce ms. a vraiment existé, — car le témoignage de Du Mège ne saurait être, sur aucune question, de ceux que l'on accepte les yeux fermés, — sait-on ce qu'il est devenu ?

Un peu plus tard, le même Du Mège présenta à l'Académie des sciences, inscriptions et belles-lettres de Toulouse, un autre ms. de *Philomena*. Je dis un autre, car il ne semble pas, d'après le peu qu'on en dit, que ce pût être le même.

« M. du Mège présente à l'Académie un très-beau ms. de *Philomena*. Ce ms. est le mieux conservé, le plus complet que l'on connaisse. Il paraît d'ailleurs qu'il ne sera pas enlevé au midi de la France. » (*Mémoires de l'Acad. des sciences ..... de Toulouse*, 3ᵉ série, t. VI (1850), p. 145.)

On ne dit pas si ce ms. est en latin ou en provençal. Peut-être est-ce le même que celui qui existait, du temps de Montfaucon, dans la bibliothèque du conseiller Ranchin, de Montpellier, et dont il est fait mention en ces termes dans la *Bibliotheca Bibliothecarum* (II, 1283):

« Gestes de Charlemagne devant Nostre Dame de la Grasse, très-ancien pour le caractère et pour le langage. »

---

[1] Un à Paris, B. N., n° 2232 ; l'autre à Londres, British Museum, add. 21248. Il existe deux copies de ce dernier, qui passe pour le meilleur : l'une à Paris, dans le recueil de Doat, t. VII; l'autre à Aix, bibl. Méjanes, n° 143.

La *Bibliothèque des romans*, dans le premier volume d'octobre 1777, donne une analyse de ce même roman de *Philomena*, d'après un ms. dont l'auteur de l'article parle ainsi :

P. 116. « Le hasard nous l'a fait déterrer dans la poussière d'une immense et respectable bibliothèque, dans laquelle même il n'étoit pas connu, et c'est dans sa langue primitive et originale que nous l'avons trouvé. Cette langue n'est pas celle dans laquelle sont écrites les poésies des anciens troubadours, mais le jargon du bas Languedoc, du Quercy et du Périgord. L'écriture a été jugée être de l'an 1200.... »

P. 156. « Le ms. précieux d'après lequel nous avons travaillé n'est pas tout à fait complet ; il y a des transpositions et quelques lacunes ; cependant, à la faveur des faits qui y sont décrits, on peut suppléer à ceux qui sont omis. » Suit l'analyse du roman.

P. 169. « Le ms. du roman sur lequel nous venons de travailler n'est pas tout à fait fini ; cependant il est aisé de juger qu'il y manque très-peu de chose.... » Suit un extrait du ms.

Quelle est cette « immense et respectable » bibliothèque où fut déterré le ms. en question ?

Le mot *respectable* fait penser à une bibliothèque monastique. Il y aurait peut-être lieu, dans ce cas, d'identifier ce ms. avec celui de St-Savin. On ne peut songer à celui de la Grasse (aujourd'hui British Museum, add. 21218), qui est sans lacunes, ni à celui de la B. N., où le commencement fait défaut, ce qui n'était pas le cas de celui dont il s'agit [1]. Pour aider du reste à résoudre la question, ou tout au moins pour permettre une comparaison à ceux de mes lecteurs qui, étant en situation de consulter ces deux derniers mss., n'auraient pas sous la main la *Bibliothèque des romans*, je reproduis ici, tel quel,

---

[1] S'il fallait s'en rapporter à l'analyse du rédacteur anonyme de la *Bibl. des romans*, son ms. aurait même débuté par l'histoire fabuleuse du siège de Carcassonne, de la soumission, du baptême et du mariage de Carcas, *dame de cette ville*, telle qu'on la lit dans Besse (*Hist. des antiquités et comtes de Carcassonne*, p. 52), et, dans ce cas, on ne saurait non plus l'identifier avec celui de St-Savin. Mais il y a lieu de croire que c'est là une addition de l'anonyme.

l'extrait donné par ce recueil, où malheureusement le folio du ms. n'est pas indiqué.

P. 170-172. « E montre aquest sant home cantava la messa, vengo aqui quatre homes ceq de longas terras et la un fo d'Alamynha et l'autre de Rainaborc et l'autre de Peyragorg. Et portec casqu d'elhs un civi ardent en la ma. E vengro a la capela, et cridero autament : Verge Maria, mayre de Diou glorisa, ret nos salut. Car aquest sancte loc em vengutz cofisans de la tua misericordia. Car la sanctetat d'aquest loc e la bonessa delhs sans homes hermitas que aissi so es pertot lo mon publicade pregan la tua misericordia....

» Mais Thomas elhs autres hermitas cant los ausiro aissi cridar meseros totz en oro e pregeron Dious per elhs que Dious lor done salut. E montre Thomas levava elh cors de Jesu Christ a la messa pene tan gran claritat delh celh que a totz avigayre visiblement que Dieux elh meseys fas a qui desxendutz entre elhs. E vene une gran otz delh celh et dix a Thomas esxausida es la tua pregaria davant Diou et aitantot cobrero lur vista, e feron gracias a Diou. Fait aquest miracle in pressentia de Karles, etc. »

Ce morceau ne se trouve pas parmi les extraits de Du Mège. Il s'y placerait p. 21, col. 1, immédiatement, à ce qu'il semble, après la ligne 41.

XXVI. — *Poème sur la Croisade albigeoise et autres livres concernant les Albigeois et les Vaudois*

Joseph Scaliger écrivait à Simon Goulard, le 9 mars 1604 : « Je vous prie de faire en sorte que M. Chamier nous donne l'histoire des Albigeois, et de l'advertir, comme j'ai faict, de se servir du livre de M. Constans de Montauban, et de ne mespriser point ce conseil[1]. »

On lit, d'autre part, dans le *Secunda Scaligerana (Coloniæ Agrippinæ*, MDCLVIII, p. 54) :

« M. Constant, ministre de Montauban, a un livre en rime qu'a écrit et composé un Baron, car il est de vieille écriture

---

[1] *Lettres françaises inédites de Joseph Scaliger,* publiées et annotées par Ph. Tamizey de Larroque, p. 380.

de ce temps là. Ce baron étoit avec le Roy Louys et son prédécesseur, et faisoit la guerre aux Albigeois : il écrit en langage de ce païs là, et vieux. M. Constant l'entend, et dit¹ des Albigeois qu'ils étoient si méchans qu'ils disoient que le saint Pere étoit la bête de l'Apocalypse ; ils ne vouloient point de Messe, point d'Eau-bénite, nioient le Purgatoire et telles choses, et raconte là toutes leurs méchancetez. Il y a encore en ces païs là beaucoup de ces livres, mais entre les Jésuites : j'en ay quelques-uns. Constant........ disoit que les Italiens avoient leurs mots pris du langage de Quercy, qui est le plus ancien, vû que celuy dont se servoit Moïse étoit le même.... Il a maintenant 75 ans. »

Voilà tout ce que nous apprend Scaliger du « livre de M. Constans. » C'est bien peu ; mais c'est assez pour que nous soyons sûrs qu'il s'agissait d'un ouvrage différent de la *Chanson de la Croisade*, publiée successivement par Fauriel et par M. Paul Meyer, et cela doit rendre d'autant plus vifs nos regrets de l'avoir perdu.

Quant à ces autres livres, dont Scaliger lui-même « avait quelques-uns », il est fâcheux qu'il ne dise pas pas précisément de quoi ils traitaient. Un de ces livres lui avait été donné en 1602 par Charles Labbé. C'est du moins ce qui semble résulter de ce passage de sa correspondance (*J. Scaligeri Epistolæ*, 1627, p. 632) : « Gratias, Karole, de libello Albigensium ago. Diu frustra quæsivi. Itaque hoc me munusculo beasti. Chamerius quædam de Albigensibus sub prælo habuit. Sed præstare omnia quæ de illorum gestis pollicebatur, destitutus scriptoribus illorum temporum, non potuit. »

Chamier renonça, en effet, à poursuivre son dessein, car Scaliger écrivait le 26 mars 1604 à Simon Goulard (*Lettres fr. inéd.*, p. 381) : « J'adjouste qu'il vous plaise de retirer de M. Chamier tout ce qu'il a recueilli des Albigeois, et en faire un bon livre, car vous estes propre à faire cela². Il est vrai

---

¹ Probablement l'auteur du livre en question, et non pas « M. Constant. »
² Les documents recueillis par Chamier passèrent aux mains, non de Simon Goulard, mais de Perrin, qui les utilisa pour son *Histoire des Vaudois et des Albigeois* (Genève, 1618) et en publia des fragments à la suite. Voyez A. Muston, *l'Israël des Alpes*, t. IV, *Bibliographie*, pp. 6-7.

qu'il i a des livres de ces Albigeois escriz en langage de Guienne et Languedoc que vous n'entendrés pas bien, si on ne vous les explique. »

Scaliger, au reste, comme Chamier, et comme, à ce qu'il semble, tous ses contemporains, confondait les Albigeois avec les Vaudois, et il se pourrait fort bien que, parmi les livres dont il est question, il n'y en eût aucun d'albigeois. Du moins ne voyons-nous figurer que des livres vaudois dans le passage ci-après de Marnix de Ste-Aldegonde [1], en marge duquel on lit : « Ces livres se trouvent en parchemin escrits à la main de fort ancienne lettre en la bibliotheque du sieur Josephe de la Scale. Et entre les mains de divers ministres des Vallees d'Angrogne. Et du sieur de Sainct Ferreol, ministre d'Oranges. » — « L'on trouve encor aujourd'hui de leurs livres [des Albigeois] escrits en parchemin, en l'ancienne langue provençalle et de Languedoc : si comme la priere à la Saincte Trinité, faicte en façon de rithme, qui commence ainsi : *O Dio paire eternal poissant conforta me,* etc. Leur confession faicte au Roy des Roys, qui commence : *O Dio de li rey, et seignor de li seignor, yo mi confesso a tu, car yo soi cel peccador que t'ay mot offendu,* etc. Et leurs sept articles de foi, dont la preface commence ainsi : *Los articles de la fe catholica sont set, per li cal li cor de li eleit son enlumena a creire totas à* (sic) *quellas cosas, que son necessarias à l'incaminant al regne de la benuranze eternal,* etc. Et plusieurs autres livres et discours semblables : si comme le traicté des Dix Commandemens, l'Eschelle de Jacob, contenant les trente degrés pour monter au ciel, les Quatre paradis, la Noble leçon, contenant le sommaire de l'histoire du Vieil et du Nouveau Testament, les traictés des Tribulations des justes, de la Consolation, du Mespris que l'homme doit avoir de soi mesme, pour parvenir à la vie éternelle : et plusieurs sermons escrits en la mesme langue [2]... »

[1] *Premier tome du Tableau des differens de la Religion... recueilly et composé par Philippes de Marnix, seigneur du mont Saincte Aldegonde.* La Rochelle, 1601, 3e partie, chap. XII, fol. 188. Cf. Leger, *Histoire des églises évangéliques... des vallées vaudoises,* I, 25.

[2] Des ouvrages ici mentionnés, il y en a trois ou quatre que je n'ai vus cités nulle part ailleurs, du moins sous ces titres. Ce sont, en premier lieu, l'*Eschelle de Jacob* et les *Quatre Paradis.* Peut-être ce dernier titre est-il

On sait que l'Université de Leyde hérita de la bibliothèque de Joseph Scaliger. Les livres vaudois et albigeois, — si réellement il y en avait de ces derniers, — qu'a possédés l'illustre philologue devraient s'y trouver encore.

XXVII. — *Livres des Béguins*

Les sectateurs de Jean Olive, autrement dits *les Béguins*, ne furent pas, on le sait, poursuivis moins rigoureusement par l'Inquisition que les hérétiques albigeois. Ils avaient des livres en langue vulgaire, aujourd'hui perdus, comme ceux de ces derniers, et sur lesquels il n'est pas inutile, par conséquent, de recueillir les témoignages que l'on possède. Voici les seuls que je connaisse. Je les ai trouvés dans le *Liber sententiarum Inquisitionis Tholosanæ*.

P. 300. « Item pluries audivit [Raymundus de Buxo] legi et in diversis locis de libris fratris P. Johannis Olivi in romancio seu vulgari per diversas personas quas nominat. »

P. 309. « [Bernardus de na Jacma beguinus] libros in romancio, in quibus errores dictorum beguinorum continentur, multos habuit et tenuit. »

XXVIII. — *Traité d'alchimie (ou lapidaire?) en vers*

Pierre Borel, de Castres, mort en 1689, auteur du *Trésor des recherches et antiquités gauloises* (1655), nous a conservé dans cet ouvrage des échantillons intéressants de la poésie languedocienne de son temps[1]. Il y fait aussi assez souvent

le résultat d'une faute d'impression (une ligne entière omise) et désigne-t-il le traité de *las Quatre cosas que son a venir, czo es assaber la mort, lo jorn del jujament, las penas eternals, li goy de Paradis*, sur lequel voyez Muston, *loc. cit.*, pp. 117, 125, 133. Le traité *de la Consolation* est peut-être à identifier avec le *Vergier de la Consolacion* (*ibid.*, 120, 133). Quant à celui du *Mespris que l'homme doit avoir de soi-même*, il ne paraît pas que ce puisse être le même ouvrage que le *Despreczi del mont*, les titres différant trop et ce dernier d'ailleurs étant un poème. J'ajouterai que le traité des *Sept Articles de la foi* paraît avoir été plus complet dans le ms. visé par Maraix que dans celui de Genève, d'après lequel, — on n'en cite pas d'autre, — il a été publié par Hahn (*Geschichte der Waldenser*, p. 665), et où il n'a pas de préface.

[1] Entre autres, la jolie pièce de l'*Amoureux transi* en entier (au mot *glou-*

des citations de textes anciens (ou prétendus tels); mais il les emprunte presque toutes à des livres imprimés, les *Vies des poëtes provensaux* de Jean de Nostredame, l'*Histoire des Vaudois ou Albigeois* de Perrin, les *Commentaires de César* de Blaise de Vigenère, bien qu'il prétende, dans sa préface, avoir cité « beaucoup de fragments d'un rare volume des poésies des troubadours qu'on voit encore à Tolose¹. »

Le fait est qu'il n'y a que deux citations qui doivent provenir de ce « rare volume » : ce sont les deux vers de la chanson *Attressi com l'orifans*, de « Rigaud de Berbezil », qu'on voit rapportés sous *druguement*, et le début (trois vers) de la chanson *Tant m'abelis l'amoros pensamens* de Michel (*sic*; lis. Folquet) de Marseille, cité sous *pens*.

Le seul article du livre de Borel qui présente quelque intérêt pour l'histoire de l'ancienne littérature provençale est celui du mot *prumier*. Le voici fidèlement transcrit :

« *Prumier*. C. premier. 10. *de S. Saturnin*, poëte chimique ancien :

> Ja si un quatre principal
> L'un negre que es fach prumié
> Et l'autre quand es blanc entié
> Et (*lis*. el) ter quant es incinerat,
> El quart quant es rubificat. »

Ces vers, dont l'*Histoire littéraire de la France*, qui les cite

---

per), des fragments d'une pastorale de son père (*bouirac*), d'une pièce du sieur de la Croix de Realmont (*marelle* et *tourra*), etc.

¹ Sans doute le ms. de Catel, alors de Puymisson, aujourd'hui B. N. 856.— De la table des auteurs et ouvrages cités, imprimée en tête de l'ouvrage, j'extrais les trois articles suivants :

« Jean Boisseau, poëte provençal de Nice. » Je ne sais rien sur ce Jean Boisseau, de qui je n'ai su trouver aucune mention ni citation dans *le Trésor*.

« Les Statuts d'Aigues Mortes de 1246. »

« *Les noms d'aquelses que feron tansons e sirventes*, ms. cité par Nostradamus. » On chercherait vainement dans les *Vies des poëtes provensaux* de Jean de Nostredame la moindre mention d'un pareil ms. C'est Pasquier, probablement, que Borel a voulu dire. On lit en effet chez ce dernier (*Recherches*, liv. VII, chap. IV) : « Il est tombé entre mes mains un papier qui est encore en ma possession, dont la teneur est telle : Extrait d'un ancien livre qui fut au cardinal Bembo [le ms. 12473 de la B. N.?]. *Los noms d'aquels que feront tansos et syrventes*. Et y en met quatre vingts et seize. »

au t. VII, p. lij, a singulièrement exagéré l'antiquité, sont tout ce que l'on connaît du poëme dont ils ont fait partie. Borel n'a donné qu'incomplétement le nom de l'auteur, ou plutôt n'a donné que son surnom, car Saint-Saturnin est un nom de lieu et non pas de personne, et comme il y a, dans le Midi, un assez grand nombre de localités ainsi appelées (dans Vaucluse, dans l'Hérault, l'Aveyron, le Cantal, etc.), nous ne pouvons savoir non plus à quelle province cet auteur appartenait.

Quant à son ouvrage, c'était probablement un traité, soit des métaux, soit des pierres; mais, dans ce dernier cas, je ne vois pas à quelle pierre pouvaient se rapporter les cinq vers conservés par Borel. Je n'ai rien trouvé dans Marbode qui y corresponde. Ce n'était donc pas, supposé que ce fût un *lapidaire*, une traduction du poëme de l'évêque de Rennes.

XXIX. — *Chronique de Garoscus de Ulmoisca veteri.*

Tout ce que je sais de cette chronique, je l'ai appris de Baluze, qui la mentionne et en donne un extrait dans les notes des *Vitæ paparum Avenionensium*, I, col. 985. Le nom de l'auteur (en provençal *Garosc de l'Olmesca velha?*) a une physionomie un peu singulière. On va voir qu'il vivait au XIVe siècle. Je ne sais si quelque ms. de son ouvrage existe encore. Peut-être Baluze avait-il vu celui qu'il cite dans la Bibliothèque de Colbert. Contrairement à ses habitudes, il ne donne à cet égard aucune indication. Voici du reste le passage entier. Il s'agit du couronnement de l'empereur Charles IV à Arles, sous Urbain V, en 1365 :

« De hac Caroli coronatione sic scriptum reliquit Garoscus de Ulmoisca veteri tum vivens:

« L'an mil e tres sens LXV, a quatre de juin fou mousen Karles segon emperador d'Alamanha en la sieutat d'Arle per eser coronat, e fo coronat dereire l'autar de san Trofeme, e coronet lo moussen Guilhem de la Garda arcivesque d'Arle, e fo i present R. d'Agout, senesqual de Proensa, el comte de Savoia, lo duc de Borbon, e motos quavaliers e grans senhos. Item dessendet a l'arsivesquat. Item era granda roanada quant intret en Arle. Intret per lo portal de la quavalaria. »

XXX. — *Chronique provençale anonyme du XV⁰ siècle*

C'est César de Nostredame qui me fournit la seule mention que je connaisse de cette chronique, dont le ms. était peut-être déjà perdu de son temps. Voici ce qu'il en dit, à la page 601 de son *Histoire et Chronique de Provence*, sous l'année 1437:

« Le feu seigneur du Maz (qui fut lieutenant de Claude, comte de Tende, fils de René de Savoye, dit le Grand Bastard, grand seneschal et lieutenant général de Provence sous Louis XI) avoit un vieil livre, escrit à la main, aux feuillets duquel estoit deduite la descente de nos anciens comtes et marquis, et à la branche où estoit mentionné René, où il estoit parlé des conditions de sa delivrance, les paroles suivantes estoient apposées en grosse lettre, en ces termes et ce ramage provençal:

« Ferry de Vaudemont, fils d'Anthoni, avent per forsa pres per rapt Madame Yolant, filla de Monsur lou rey Reynié, e tenguda long temps a son poder, per cobrir tal rapt, fon convengut e accordat malament que Monsur lou rey la baillaria en maringi audich monsur Ferry, e que la principal causa de l'odi qu'era entre aquestous dous seignours procedissia d'ei- tal rapt, lou qual rapt anticipet lous jours al paure rey plus que touta autra causa, e engendret nous pron de mal en Pro- vensa[1]. »

XXXI. — *Chronique languedocienne anonyme du XV⁰ siècle.*

Guillaume Besse († 1680), auteur de l'*Histoire des ducs, marquis et comtes de Carcassonne*, publiée pour la première fois en 1645, possédait un manuscrit d'une chronique qui ne m'est connue que par ce qu'il en dit, et dont l'auteur, à ce qu'il semble, s'était borné au récit des événements arrivés de son temps à Carcassonne même. Voici tout ce que Besse en rapporte. Je cite d'après l'édition de 1660:

P. 256. « La cité de Carcassonne [sous Charles VI] demeura

---

[1] A la marge, en regard de ce passage: « Paroles notables trouvées en un vieil livre escrit à la main en provençal touchant le mariage de Ferry et d'Yolande. »

toujours dans les termes de son devoir, et en telle façon qu'un vieux manuscrit que j'ay où sont particularisées les choses qui se passarent en ce temps là en ville, en dit ces mots: « Foc denegada intrada en ladita ciutat et en lodit castel al princep de Aurenca, loqual se esforsec de intrar en ladita cieutat am poyssansa, loqual foc vilanamen de ladita ciutat rebocatz ausiquas se apartenio a far en tal cas. »

P. 258. « Et pour reprendre ce que nous avions laissé, je diray que mon manuscrit, particularisant quelques autres choses qui se passarent du mesme temps de Charles VI, en parle en ces termes : « Item es assaber que per virtut de lasditas letras no foc permesa a mossen Charles de Clarmon lor's seneschal que entrez ni demorez dins lo castell de ladita ciutat, et no *** [1] a lu foc taxats certan nombre de servidors tan solamen entro al nombre de hueyt et que demoresson ses armes. » .... « Aquo meteys foc fayt de Jacques Trilho que ora thesaurier per lavets al qual foc taxats nombre de quatre servidors ses armes. » .... « Et per virtut de lasditas letras foc denegada intrada al Conestable que foc per lavets appellat Ant. de Vitrac. » ... Le mesme manuscrit dit ailleurs, parlant de divers reffus faits et au vicomte d'Aumurats et au bastard d'Astarac, qui vouloient en ce mesme temps aller demeurer dans la dite cité: « Car si a totas gens fos estada abandonada (à savoir la ville) de present no foro en la obediencia de mossen lo regent », il entend de Monsieur le Dauphin, lors regent en France, et par ce mot *de present*, nous sommes certains que cela s'escrivoit en cette mesme saison, d'où vient qu'on peut adjouster une pleine foy à tout ce qu'il contient. »

XXXII. — *De l'escut del Hostal de Foix et de Bearn, par Arnaud de Labat.*

Catel possédait de cet ouvrage, qui ne nous est connu que par son témoignage, un ms. dont il parle ainsi, p. 699 de ses *Mémoires de l'histoire de Languedoc* (1633):

« J'ay chez moy un ancien livre gascon escrit à la main en parchemin, composé par frère Arnaud de Labat, maistre en

---

[1] *Sic* dans Besse, pour indiquer sans doute une lacune du ms.

théologie de l'ordre de saint François, qui est intitulé *De l'escut de l'Hostal de Foix et de Bearn*, c'est-à-dire des armoiries de Foix et de Bearn ; lequel il dédie au dit sieur vicomte[1], et luy donne ces titres, *Al noble e poderous seignour mossen Joan, comte de Foix, vescomte de Bearn, de Marsa et de Gabarda, et de Castelbon :* au commencement duquel il dit qu'il a eu le soin de l'ame, et manié la conscience de son père Archambaud, comte de Foix, et qu'à présent il manie celle de sa mère Madame Isabeau. Ceste epistre est datée de Morlas au couvent des frères mineurs, en l'an mille quatre cens dix-huict.»

XXXIII. — *Roman de Gerard de Nevers*

On connait le *Roman de la Violette* ou *de Gerard de Nevers*, composé au XIIIe siècle en vers français, par Gibert de Montreuil, et que M. Francisque Michel a publié en 1834. Il dut être fait de ce roman une version provençale, dont un ms. au moins existait encore au milieu du XVe siècle. C'est ce qui résulte, ce me semble, avec évidence de l'extrait suivant du ms. 24378 du fonds fr. de la B. N., lequel renferme une version en prose française du même roman, faite du vivant de Philippe le Bon, duc de Bourgogne († 1467), par Guiot d'Augerant, qui la dédia à Charles, comte de Nevers et de Rethel, «son maistre» :

[F° 3 r°] «.....Je à ceste cause me suis ingéré et avancié de moy traveillier et appliquier mon petit sens et entendement à mettre et rediger par escript ce petit livret lequel par avant estoit en lengaige provençal et moult difficile à entendre.»

On a supposé[2] que Guyot d'Augerant avait feint d'avoir traduit son roman du provençal pour se donner plus de mérite aux yeux du lecteur, et que le livre mis par lui en prose française n'était autre, par conséquent, que le poëme original. Sans insister sur l'invraisemblance d'une pareille hypothèse, il suffira de faire remarquer que ce n'est pas le seul exemple

---

[1] Jean Ier (1412-1436).
[2] M. Francisque Michel, dans la préface de son édition du poëme de Gibert de Montreuil, p. xxvij.

d'une œuvre française qui, traduite dans une autre langue, ait été ensuite de cette nouvelle forme, considérée comme originale, remise en français. A propos « de Giglan, fils de Gauvain,........nouvellement translaté du langage espagnol en françois » (Lyon, chez Claude Nourl, in-4°, sans date), l'auteur de l'extrait de cet ouvrage, donné dans la *Bibliothèque des romans*, octobre 1777, 1er volume, p. 59, fait l'observation suivante, dont la découverte et la publication de l'original, par M. Hippeau, a démontré la justesse :

« L'on voit que ce roman a été traduit de l'espagnol en françois ; mais il y a apparence qu'il a été composé en françois avant que d'être mis en espagnol. C'est ainsi que *Floris et Blanchefleur*, *Claremonde*, et même les *Amadis*[1], n'ont été imprimés dans notre langue qu'après des livres ou mss. espagnols, mais qui originairement avoient été eux-mêmes traduits du françois. »

Guiot d'Augerant ne nous apprend pas si le livret provençal qu'il a traduit était en prose ou en vers. Il devait, dans tous les cas, se tenir très-près de l'original, comme il est facile de s'en convaincre par la comparaison du texte de Guiot[2] avec celui de Gibert de Montreuil[3]. On remarque seulement dans la *translation* du XVe siècle un épisode qui manque complétement dans l'original : c'est celui de la « damoiselle de la fontaine » (2e partie, chap. VIII-X). Cet épisode est-il une interpolation de l'auteur de la version provençale, qui l'aurait emprunté à un autre roman, ou se trouvait-il déjà dans le ms. de l'œuvre originale suivi par lui ? Cette dernière hypothèse paraîtra sans doute la plus vraisemblable.

Retrouvera-t-on jamais le roman provençal de *Gerard de Nevers* ? Je le souhaite vivement, sans l'espérer beaucoup. Dans tous les cas, le témoignage de Guiot d'Augerant est à recueillir par l'historien de la littérature provençale, avec ceux qui

---

[1] A propos d'*Amadis*, rappelons que M. Milá y Fontanals a remarqué que le nom de *Bel Tenebros*, dans ce roman si célèbre, est tout provençal. (*Trovad. en España*, p. 507.)

[2] Publié par Gueulette en 1727 (*Histoire de très noble et chevaleureux prince Gerard, comte de Nevers et de Rethel, et de la très vertueuse et sage princesse Euriant de Savoye, sa mye*.)

[3] Dans l'édition précitée de M. Francisque Michel.

me restent à citer, et qui attestent l'existence au XVe siècle d'autres versions provençales de romans français.

XXXIV. — *Roman de Paris et Vienne*

C'est aussi par le témoignage de l'auteur de la version française de ce joli roman, l'un de ceux qui eurent au XVe siècle le plus de succès, car il fut traduit dans presque toutes les langues européennes [1], que nous apprenons qu'il en a existé aussi une version provençale, et que c'est du provençal qu'il a passé en français ; mais la version provençale dérivait elle-même d'une version catalane. Je dis version à dessein, parce que je suis fortement porté à croire que l'original était français. Quoi qu'il en soit, le point essentiel à établir ici, c'est qu'il existait encore, dans la première moitié du XVe siècle, un roman écrit en provençal, dont le roman français de *Paris et Vienne* est une traduction peut-être abrégée; et cela résulte avec certitude du prologue du traducteur, qui, provençal lui-même, comme on va le voir, ne pouvait se méprendre sur la langue de son texte. Je donne ici ce prologue *in extenso*, d'après un fragment conservé à la bibliothèque de Carpentras, parmi les papiers de Peiresc (n° 23, t. II, f° 286), en le complétant et le corrigeant par places, à l'aide du ms. 1464 de la Bibliothèque nationale, dont M. Hermann Suchier a bien voulu transcrire pour moi les passages qui m'étaient nécessaires, et à l'aide de l'édition de 1835, dont je dois également à l'obligeance de M. Suchier d'avoir pu prendre connaissance.

« Alain qui mot fut saige a escript au livre dez doutrines une autorité que l'en dit en latin : « Hoc crede quod verum esse videtur »; et vault autant à dire ceste autorité extraicte du latin en françoys : « Tu croyras les chouses qui te ressembleront estre veritables. » Et pourtant je prenz cest teme en

---

[1] Voy. Brunet, IV, 371, et Graesse, V, 134-135. — Parmi les versions italiennes, il y en a une, celle de Carlo del Nero, en vers et en « terza rima. » Voyez Crescimbeni, *Commentari*, I, 406, et Melzi, p. 209. Carlo del Nero, comme il résulte de l'*explicit* d'un ms. de Florence (renseignement que je dois à l'obligeance de M. Emilio Teza), était à Montpellier en 1471, et c'est là et à cette date qu'il traduisit, aussi en *terza rima*, la *Dame sans merci* d'Alain Chartier. (Cf. Crescimbeni, *ibid.*) Peut-être est-ce là également qu'il composa, en 1476, son *Parigi e Vienna*.

ceste part pour ce que j'ay tout mon temps prins plaisir à lire romans et croniques des ystoyres ansiennes, ainsi como de la vie de Lancelot, de Tristan, de Florimont et de Guy de Varwik; qui moult firent de beaux faitz en leur vie celon que j'ay trouvé escript. Et plusieurs chouses j'ai trouvé qui mout sont enposibles à croyre. Plussieurs autres libres ay je veu, mes entre les aultres j'ay tenu ung libre escript en langue provensale, qui fut strait d'un aultre libre escript en langue catalane, houquel libre ce contenoit la vie d'un baron qui s'apeloit messire Godefroy de Lansson, qui estoit dauphin de Viene et heult une filhe que l'on appelloit Viana, laquelle estoit nonpareille de beauté, et connent ung chevalier qui s'apeloit Pariz, fils d'un baron que l'on nommoit messire Jacques; fu amouruz de ladite Viana, si que, pour l'amour d'elle, il fist en sa vie maints beaux faicts, comme vous povoiz oyr sa avant; et pourtant que la matiere me semble estre bien raysonnable et acez creable, et aussi que l'istoire est assez plaisant, car belle chouse est ouyr toutz les beaux faitz que ancien firent jadis, si ay entrepris de vous strayre l'ystoire de langue provensalle en françois. Si vueil requerir et suplier ceux qui le libre liront que ce ilz y trouvent escript auchune chouse qui ne fust bien ceant qu'il veuillent mes deffaulx pardonner et les reparer cellon bon antendement, car mon sens n'est pas sofizant a telz besoignes bien trayter, et ausi que je ne suis pas françoys, ainz fuz né et noury en la cité de Marselhe. Et [s'il v]ous plaist savoir qui je suis, de Saint Pierre; j'ay prins le nom de la Cypede pour sournon [1]; et fut encomancé a escripre cest libre l'an de grace mil [cccc] xxxii, le tierz jour del moys de septembre [2]; et pour moy, Inart Beyssan, tranlatié, м [cccc] xxxviii, a xvii du moys de Febvrier [3]. »

[1] Edit. de 1835 : « Et si vous plaise savoir que je suis de Sainct Pierre, dont j'ay pris le nom, et le surnom de la Sippede. »

[2] Le ms. 1464 ne donne pas la date de la composition de l'ouvrage et ne nomme pas l'auteur. Le prologue s'y termine ainsi : « ....Car mon sens n'est pas suffisant a telz besoignes bien traicter. Et aussi que je ne suis point françoys de nature (*sic* édit. de 1835), ainz fuz né et nourry en la cité de Marseille. Et s'il vous plaist savoir en quel temps fut escript cestuy livre [*], l'an de grace mil cccc xliij, le vj^e jour de decembre, ou chastel d'Orgon. »

[3] Le copiste du ms. reproduit par l'édit. de 1835 est plus explicite et plus

[*] Il faut entendre : fut exécutée cette copie.

XXXV. — *Autres versions provençales de divers romans français.*

L'heureuse découverte faite dernièrement par M. l'abbé Guillaume dans les archives de la commune de l'Épine (Basses-Alpes)[1] a fourni la preuve matérielle de l'existence d'une version provençale du roman de Merlin en prose. On peut conjecturer que le ms. qui renfermait ce roman, et dont un feuillet seulement nous a été conservé, en contenait plusieurs autres. Un passage des *Leys d'amors* que je rapporte ci-dessous[2] nous apprend qu'il a existé un *Saint Graal* provençal en prose et « beaucoup d'autres » romans, probablement du même cycle, et pareillement en prose. J'ai cité[3] dernièrement un fragment d'inventaire où il est question d'un *Lancelot*, probablement aussi provençal, et d'un « romans de Florimont » qui l'était peut-être également[4]. Un autre inventaire dressé à

clair: « ...... et fut cest livre au commencement escript en l'an mil iiij^e xxxij, le tiers jour du moys de septembre, à savoir l'exemple duquel cest livre cy prins est, lequel commence par la main de Guillaume le Moign le xvj^e jour du moys de janvier mil iiij^e lix. »

[1] Voy. la *Revue des langues romanes*, t. XXII, p. 105.

[2] « Trobars es far noel dictat en romans fi be compassat. Doux li romans prozaygamen pauzat, coma del *Sant Grazal* e gran re d'autres, car no teno compas ni mezura de sillabas ni d'acordansas, no son d'aquesta segonda sclensa de rethorica. » (*Leys d'amors*, ms. inédit, f° 71 r°; cf. les *Leys* imprimées, I, 12). Je ne crois pas que l'on puisse raisonnablement objecter que l'auteur des *Leys* fait ici allusion à des romans en français, non plus que dans ces autres passages, où il est question de romans en vers du cycle de Charlemagne ou de celui d'Artus et d'un roman d'*Alexandre* :
« Mot tornat, bordo tornat e rim tornat...... no prendo escuzacio, sino en los grans romans de las antiguas gestas. » (Ms. inédit, f° 69 r°). — « En los grans romans dels Reys e dels Emperadors, e del Breviari d'Amor, procezeen per acordansas, per la gran longueza que han, no pot hom gardar totas aquestas sollempnitatz. » (*Las Flors del Gay saber*, III, 104). — « Et aquo meleysh podetz vezer en la recitatio de las gestas dels reys e dels grans princeps que son passat. » (*Ibid.*, p. 356.) — « Et d'aquesta color o d'aquesta figura uzec aquel que fe e versifiec lo libre d'Alexandre, can tractet de la penchura del vas de la molher de Dari. » (*Ibid.*, p. 138.)

[3] *Revue des langues romanes*, XXII, 106.

[4] Il paraît aussi avoir existé une version provençale du roman de *Melusine*. Voy. la préface de *Fierabras*, par MM. Krœber et Servois, p. xxij : « Item ung libre en romans dit *Mellusina*. » (Inventaire de la bibliothèque du château de Montbeton (Tarn-et-Garonne, canton de Montech), en 1507.)

Arles le 16 février 1468, par le notaire Guilhaume Raymundi, nous révèle l'existence, à cette date, parmi les livres laissés par Jean Quiqueran de Beaujeu, d'un *Roman de la Rose* et peut-être d'un *Tristan* en provençal. Voici, du reste, tel qu'il a été publié dans le *Musée d'Arles* (1880, p. 80) par M. Émile Fassin, et accompagné de quelques notes, l'extrait de cet inventaire qui nous intéresse. On y trouvera la mention d'autres mss. provençaux perdus.

....

« Une partie de la Bible, *in romanico*[1];
Un livre provençal dit *de la Rosa*[2], cum *Boetio de Consolatione*[3], en parchemin ;

---

[1] Sans doute en *roman-provençal*. Peut-être s'agit-il de la Bible vaudoise qui est aujourd'hui à Carpentras. — Je citerai à cette occasion un témoignage plus ancien concernant un autre ms. d'une version provençale d'une partie de la Bible :

« Ostenderunt mihi quemdam librum valde pulcrum et cum obtima littera bononiensi et peroblime illuminatum de adhurio et minione ubi erant evangelia in romancio et epistole beati Pauli... Et ego dixi eis quod non placebat michi quia erat in romancio, quia prædiligerem quod legeret in latino. » (Registre de l'Inquisiteur Geoffroi d'Ablis (B. N., ms. lat. 4269, f° 64 r°). Cf. Molinier, l'*Inquisition dans le midi de la France*, p. 142.

[2] Crescimbeni (*Istoria della volgar poesia*, Comm. I, 407) mentionne, parmi les mss. de la bibliothèque du cardinal Ottoboni qu'il avait consultés, un *Romanzo della Rosa in lingua provenzale*. Comme cet auteur confond continuellement dans son livre le vieux français avec le provençal (cf., par exemple, *ibid.*, p. 282), son témoignage est naturellement sans valeur; mais celui du notaire d'Arles ne peut donner lieu à aucun doute, et on peut tenir maintenant pour assuré que le *Roman de la Rose* fut en effet traduit en provençal.

[3] Le texte latin de Boèce ? ou une version provençale de la traduction française de Jean de Meun ? — Dans un autre inventaire, dressé pareillement à Arles, en 1465, celui des livres du médecin Jean Textoris, et publié comme le précédent dans le *Musée d'Arles* (V, 106), on voit figurer sous le n° 2 un « Liber Boctii de Consolatione, moitié latin, moitié roman, commençant par ces mots : *Molt excelent......* et finissant par *benedicatur*. Papier et parchemin. » C'était peut-être un exemplaire de la version catalane de frare Anthoni Genebrade, que M. Aguiló a publiée dans sa *Biblioteca catalana*. — Parmi les autres livres du même Textoris, je signalerai encore les quatre suivants, qui étaient peut-être aussi, en partie du moins, comme le précédent, en provençal;

Un livre en parchemin dit *Herbolayre*, commençant par ces mots: *Cum ego Manfridus*;
Un livre dit l'*Erbolayre* (sans doute un autre exemplaire du précédent);
Un livre de médecine dit *de Bornamira*;

Un livre en provençal du *Petit Art*[1], en parchemin ;
Un autre[2] de *Tristan* ;
Un autre de *Regimine principum*[3] ;
Un autre dit de *Galeas*[4] ;
Un autre *Regis Inglie*[5], en papier. »

XXXVI. — *Sirventes (ou enseignement ?) de Giraut de Cavaillon*

Giraut de Cavaillon est un nom nouveau dans l'histoire de la littérature provençale. Voici ce que nous apprend de lui Suarez, évêque de Vaison (1633-1666), dans une note que M. Thomas a publiée, p. 101 de son important ouvrage : *Francesco da Barberino et la littérature provençale en Italie au moyen âge*, et dont l'original se trouve à Rome, dans la bibliothèque Barberini. Malheureusement M. Thomas, qui a découvert cette note, n'a pu retrouver l'ouvrage qu'elle mentionne.

« Maistre Giraut de Cavaillon rythmicos versus scripsit vernaculo Provencialium sermone instar pareneseos ad episcopos, abbates, etc., quos carpit, anno 1282, die 12 septembris; eruti sunt a me ex chartis abbatiæ S. Andreæ secus Avenionem et Cosmo de Bardis, prolegato Avenionensi, tunc traditi ut illustrissimo cardinali Barberino, legato, transmitteret. »

Un almanach, en parchemin, traitant des signes et des planètes.
— Dans un autre inventaire, publié aussi dans le *Musée d'Arles*, celui des livres d'un archiprêtre d'Arles (1472), figure, sans autre indication, *unum romancium, in papiro*.

[1] Etait-ce une traduction de l'*Ars minor* de Donat, ou une grammaire provençale rédigée d'après cet ouvrage, et différente du *Donat proensal* de Hugue Faidit ?

[2] Aussi en provençal ? Il est certain, tout au moins, qu'il y a eu une version catalane de *Tristan*, comme de *Lancelot*. Voy. la *Revue des lang. rom.*, X, 237.

[3] Le livre bien connu d'Egidio Colonna. Une version « en romans » de cet ouvrage se trouvait dans la bibliothèque du roi d'Aragon, Martin Ier. Voy. Milá y Fontanals, *Trovadores en España*, p. 488, n° 21.

[4] Sans doute le même roman que Muntaner mentionne sous le titre de *Galees* (Galehot, d'après M. Milá, *Trovadores*, p. 473). Il s'agirait alors de la première branche du *Lancelot* en prose. Mais peut-être est-ce plutôt *Galaad* qu'il faut entendre. Ce serait toujours un roman du cycle d'Artus.

[5] Sans doute « du roi d'Angleterre. » Mais lequel ?

XXXVII. — *Poésies de [Bernard?] Rascas et autres textes avignonnais*

C'est encore à M. Thomas que nous sommes redevables des nouveaux renseignements que je consigne ici, et c'est également d'une note de Suarez qu'il les a tirés. Voici cette note, telle que M. Thomas la donne. Elle se rapporte au ms., qu'on possède encore, du Mystère de sainte Agnès, et il semble en résulter que les textes mentionnés à la suite du Mystère faisaient alors partie de ce ms.

« Tragœdia de S. Agnetis martyrio, versiculis rithmicis conscripta, prisca lingua Avenionensi, cum notis musicis quæ tunc erant in usu ; principium et finis desiderantur. Eadem lingua conscripta sunt statuta metropolitana ecclesiæ Avenionensis, confratriæ Fusteriæ, versus Rascasii, historia S. Benedicti, inscriptio turris in mœnibus. Incertus est auctor ; puto fuisse aliquem ex poetis provincialibus de quibus Nostradamus uterque... »

Nous ignorons si les statuts de l'église métropolitaine, ceux de la confrérie des charpentiers, l'inscription de la tour, se sont conservés dans d'autres copies. C'est ce que sans doute sauraient nous dire nos savants confrères d'Avignon. L'« Historia S. Benedicti » n'est peut-être pas différente du texte publié par M. l'abbé Albanés sous le titre de Vie de S. Benezet. Quant aux « versus Rascasii », ainsi mentionnés et sans doute transcrits au milieu de documents tout avignonnais, il est difficile de ne pas reconnaître dans leur auteur Bernard Rascas, fondateur de l'hôpital de la Trinité à Avignon ; et Jean de Nostredame serait ainsi justifié, sinon d'avoir attribué à ce personnage les vers qu'il met sous son nom, et qui ne sauraient être aucunement d'un poëte du XIVe siècle, du moins de lui avoir donné place, dans son livre, parmi les poëtes provençaux.

XXXVIII. — *Divers ms. provençaux de l'ancienne bibl. du Louvre et de celle du duc de Berry (1402-1416), mentionnés dans des inventaires de 1373 à 1424.*

Extraits du *Cabinet des mss. de la Bibl. nationale* par Léopold Delisle, t. III, pp. 134-194.

« LIBRAIRIE DU LOUVRE

....

377 bis. Un petit livre de dévotion escript en provençal et en latin. *Invidia*. — Manquait déjà en 1420.

378. Un excessivement grand livre où sont plusieurs choses de devocion ou langaige d'oc, et breviaire en latin environ le milieu dudit livre. *Cazet filhis tot lo humal lignaige*.

996. Le commencement des gestes de France rimé en partie, escript en gascoing très viel. *A la fin de la vie*.

1068. Un roman en gascoing, rimé, très vieil. *J'os sos afars*.

1107. Foulques Faucon, Girard le conte rimé en gascoing. *E Carles*[1].

LIBRAIRIE DU DUC DE BERRY

296. Un petit livre en papier escript de lettre gascongne[2]. »

---

[1] Cf. Paul Meyer, *Girart de Roussillon, chanson de geste traduite pour la première fois*, p. clxxvj.

[2] Je suppose qu'on a voulu dire écrit en gascon, mot qui, d'ailleurs, ici comme plus haut, est employé probablement dans la signification générale de provençal ou de langue d'oc. Peut-être ce « petit livre », dont le contenu n'est pas indiqué, existe-t-il encore.

ADDITIONS ET CORRECTIONS

I. Le sirventes contre l'archevêque d'Arles, dont il est question dans cet article, se trouve aussi dans le ms. 3205, f° 170, de la bibliothèque du Vatican ; mais ce ms. n'est, paraît-il [1], qu'une copie du n° 12474 de notre B. N.

II. La publication mentionnée dans la note 2 de cet article a été faite d'après un ms. tout autre que celui dont Du Mège a publié une partie. C'est par inadvertance que j'ai confondu ces deux mss., qui diffèrent assez sensiblement l'un de l'autre.

Notre regretté confrère Andreu Balaguer y Merino avait trouvé, peu de temps avant sa mort, dans l'inventaire dressé à Barcelone, en 1518, des biens laissés par un certain Nicholau Vilans, de cette ville, l'article ci-après, qu'il voulut bien me communiquer et qui concerne un autre ms., celui-là catalan, de la *Règle de l'Hôpital*.

« Item un libro scrit en pergami....loqual comensa en la primera carta: *Rubriques de la regle de la religio e stabliments de la sancta mayso del spital de sant Joan de Jerusalem*, e fineix: *en l'any de la nativitat de nostre Senyor M. CCC. LXXX. fon scrit.* IHS. »

La bibliothèque de l'École de médecine de Montpellier possède un ms. (n° 372) d'une traduction du même ouvrage « en roman », c'est-à-dire en langue d'oïl. M. Stengel, après Paul Lacroix, en a signalé un autre dans la bibl. de l'Université de Turin (ms. fr. 136).

III. Sur les mss. de Lesdiguières, voyez un article important de M. Paul Meyer dans la *Romania*, XII, 336-342. Il résulte de cet article : 1° que les quatre premiers des cinq mss. dont j'ai relevé les titres, après avoir été dérobés par Libri à la bibliothèque de Tours, ont passé dans celle de lord Ashburnham ; que le n° 3, par conséquent, ne doit pas être identifié avec le n° 493 actuel de la première de ces bibliothèques ; 2° que le n° 2 (*Chansons provençales vieilles*) est catalan d'un bout à l'autre ; 3° que le titre réel du n° 4 est « Livre de fauconnerie », et non « de fantaumerie », comme j'avais lu. C'est un ms. du poëme de Daude de Pradas : *li Auzel cassador*.

[1] Voy. Bartsch, *Grundriss*, p. 30.

IV. M. Paul Meyer pense (*Romania*, XI, 440) que le ms. de Dominicy, qui fait l'objet de cet article, n'est autre que le n° actuel 854 de la Bibliothèque nationale. Mais la citation faite par Justel [1], à laquelle il me renvoie, ne prouve à cet égard absolument rien. Et, d'autre part, Baluze, qui connaissait le ms. 854 (de son temps 8225), puisqu'il le cite [2], mentionne en même temps celui de Dominicy, ce qui prouve qu'il considérait celui-ci, et sans doute non sans motif, comme différent du premier.

V. Un ms. de Turin (L. VI, 36) renferme, d'après M. Hermann Suchier (*Zeitschrift für roman. Philologie*, VIII, 439), une version en ancien français du texte provençal de l'*Évangile de l'enfance*, que possédait Raynouard. S'aidant de cette version, un jeune philologue allemand, élève du savant professeur de Halle, et qui porte le même nom, M. Edmund Suchier, vient de faire, d'une façon très-satisfaisante, et de publier (*Zeitschrift*, VIII, 534-569) le travail que j'exprimais le vœu de voir exécuter, à la fin du paragraphe que concerne cette note. — Parmi les mss. provenant de Lesdiguières qui ont passé, par la voie que l'on sait, dans la bibliothèque de lord Ashburnham, M. Paul Meyer (article cité, p. 341) en signale un dont les premiers feuillets contiennent, à en juger par les deux vers qu'il rapporte, le même *Évangile de l'enfance* que M. Bartsch a publié.

VI. Le ms. de cet ouvrage est heureusement retrouvé. C'est le même qui contient aussi le suivant. Il appartient à M. Paul Arbaud, d'Aix, un bibliophile qui porte un nom cher aux amis de la poésie provençale, et qui sait faire profiter la science, avec une libéralité peu commune, des enrichissements de son cabinet.

XVI. Parmi les mss. de la bibliothèque de lord Ashburnham que vient d'acquérir le gouvernement italien figure une grammaire provençale par Benedetto Varchi. Le dépouillement des exemples qui doivent être allégués dans cette grammaire révélera peut-être des noms et des faits nouveaux.

XVII, p. 29, note 2. J'avais été induit en erreur, relativement à « Giovanni di Bransilva », par Ubaldini. Il était Français et non Provençal. C'est ce que prouvent les extraits de Barberino concernant cet écrivain que M. Antoine Thomas a donnés dans l'appendice du bel ouvrage qu'il a récemment publié, sous le titre de *Francesco da Barberino et la littérature provençale en Italie au moyen âge*.

---

[1] *Histoire généalogique de la maison d'Auvergne*, preuves, p. 39. — Cet ouvrage manque aux bibliothèques de Montpellier. C'est seulement à Carpentras et à Aix, et quelque temps après la publication de l'article de M. Paul Meyer, qu'il m'a été possible de le consulter.

[2] *Histoire généalogique de la maison d'Auvergne*, I, 66

XIX, p. 33. — M. Paul Meyer, qui avait autrefois admis, sur la foi de Chasteuil-Gallaup, l'authenticité de la biographie de Pons de Merindol, la nie aujourd'hui[1], et considère cette biographie comme « une fabrication moderne », sans doute de Chasteuil lui-même. Il suffit d'avoir lu le *Discours sur les arcs triomphaux* pour être persuadé que cet écrivain était fort capable d'une pareille supercherie. Et qui sait si le *Chansonnier du Louvre* n'est pas lui-même une autre de ses inventions? M. Paul Meyer nous l'apprendra peut-être dans la note dont il annonce la publication.

Ibid., p. 35, l. 6. — Dans un autre ouvrage de Pierre de Chasteuil-Gallaup, publié en réponse à une nouvelle attaque de Pierre-Joseph de Haitze (*Dissertations sur divers points de l'histoire de Provence*, 1704), et qui a pour titre *Apologie des anciens historiens et des troubadours ou poëtes provençaux*........(Avignon, 1704)[2], on lit, p. 114 (il est question en cet endroit de la biographie de Folquet de Marseille): « Par ce manuscrit [celui du Louvre?], qui fut transcrit l'an 1307, sur l'histoire qui avoit été composée auparavant, « on voit que l'auteur étoit connu de Folquet de Marseille »; et plus loin, p. 120: « Un autre qui avoit vu le ms. ancien a ajouté que c'étoit à tort que vous [J. de Haitze] imputiez aux troubadours l'erreur des Nostradamus, puisqu'on y lit seulement ces mots : *E si fo fach abba d'una abadia de Proença que a nom Torondet, e poi fo fach evesque de Tolosa e lay moric.* »

Ibid., p. 36. — Je suis obligé de retirer la conjecture émise ici relativement à la source du recueil F de Sainte-Palaye. En effet, la *Table*, dressée par les soins de cet érudit, *des noms propres contenus dans les poésies des troubadours*[3], qui renvoie continuellement aux recueils A, B, C, D, E, G, etc., ne renvoie jamais à F. D'où la conclusion que F n'était pas, comme je l'avais supposé, l'extrait d'un chansonnier, et que Sainte-Palaye n'avait pas connu celui du Louvre.

XXIII. — La mention d'Almaria, dans la pièce d'Isnart d'Entravenas *Del sonet d'en Blacas*, où sont cités force romans, est peut-être une allusion à un poëme provençal sur la prise d'Almérie.

[1] *Romania*, XII, 404.
[2] Ce n'est que quelque temps après l'impression de mon article, et grâce à l'obligeance de M. Paul Arbaud, que j'ai pu prendre connaissance de ce rare volume. On y trouve le même défaut de critique ou, pour mieux dire, le même goût des inventions fabuleuses que dans le *Discours sur les arcs triomphaux*.
[3] Je n'ai pu prendre connaissance de cette table que par une copie que j'en ai découverte, depuis l'impression de cet article, dans le ms. 13878 de la bibliothèque de Nîmes, où elle ne porte point de titre et où rien n'indique expressément sa provenance.

XXIV, p. 43, l. 4. — Sur les supercheries de Du Mège, auxquelles je songeais en écrivant ceci, voir en particulier J.-B. Noulet, *de la Prétendue Pléiade toulousaine*, Toulouse, 1853. Il serait bien possible que le ms. de la *Canso de san Gili*, et celui de *Philomena* dont il est question dans le chapitre suivant, n'aient pas plus existé que celui des poésies de Raimon Jordan[1], que les recueils des poésies (*dictats*) de Clémence Isaure[2] et des dames de la prétendue *Pléiade toulousaine*[3], que Du Mège se vante aussi d'avoir vus. Et la même chose, sans doute, est à dire du ms. du poëme sur sainte Foy et de celui de la *Bertal*, qu'il prétend avoir consultés pour les éditions qu'il a données de ces deux poëmes, dans ses *Additions à l'Histoire de Languedoc*[4].

XXV, p. 46, n. 1. — On possède trois copies, et non pas seulement deux, comme il est dit dans cette note, du ms. de Londres. La troisième est à Paris, dans la collection de Languedoc. Voy. Paul Meyer, *Recherches sur l'épopée française*, p. 27, n. 1.

XXIX. — Baluze mentionne encore ailleurs qu'au t. I Garoscus de Ulmoisca Veteri. C'est au t. II, col. 768, et là il publie *in extenso*, à ce qu'il semble, « ex veteri codice ms. bibliothecæ regiæ », le journal du voyage du pape Urbain V à Rome et du retour de ce pontife en Provence, rédigé en latin par Garoscus. Ce journal faisait peut-être partie de la Chronique ou des Mémoires, en provençal, de Garoscus, tout de même que de ceux de Bertran Boysset, le journal, également rédigé en latin, du voyage de Grégoire XI à Rome.

[1] Voy. *Revue du Tarn*, décembre 1882, p. 187.
[2] *Additions à l'Hist. de Languedoc*, t. II, p. 66.
[3] Voy. le mémoire précité de M. Noulet.
[4] T. III, p. 11, et t. VII, p. 95.

APPENDICE.

SUR LES TRAVAUX DE PIERRE DE CHASTEUIL-GALLAUP, DU PRÉSIDENT DE MAZAUGUES ET DE JEAN DE CHASTEUIL-GALLAUP, CONCERNANT LA LITTÉRATURE PROVENÇALE.

I

Pierre de Chasteuil-Gallaup, dont il a été longuement question ci-dessus, avait composé, comme on le sait depuis longtemps par d'assurés témoignages [1], une histoire des troubadours, à laquelle il avait ajouté celle des poëtes provençaux qui avaient vécu jusqu'à lui [2]. Le ms. de cette histoire, qui n'a jamais été imprimée [3], après avoir appartenu au président de Mazaugues [4], se trouvait, paraît-il, en 1770, chez le libraire David, à Aix [5]; la trace s'en perd à partir de ce moment-là, et il y a lieu de craindre qu'il ne soit perdu ; mais quelques fragments en ont peut-être été conservés.

[1] *Supplément aux Essais de littérature* (1703), p. 149; le P. Lelong, *Bibl. hist. de la France*, n° 47258; Du Cange-Henschel, III, 220, sous *felonia*; *Ibid.* VII, 450 (*Table des auteurs*); Pierre de Chasteuil lui-même, *Réflexions sur le libelle intitulé « Lettre critique de Sextus le Salyen...»*, p. 15; Rouard, *Notice sur la bibliothèque d'Aix*, p. 273; etc.

[2] Il avait composé lui-même des vers provençaux, entre autres une ode à Louis XIV, sur la prise de Maestrich, qu'on peut lire au t. VIII, p. 314 de la *Continuation des mémoires de littérature et d'histoire* du P. Desmolets.

[3] De Remerville S. Quentin, ami de Pierre de Chapteuil-Gallaup, qu'il avait soutenu dans sa lutte contre Joseph de Haitze, écrivait le 22 avril 1706 à l'antiquaire et érudit arlésien Raybaud : « *L'Histoire des Troubadours* de M. de Chapteuil n'est pas encore imprimée. C'est un ouvrage curieux qui mériteroit bien de voir le jour ; mais la misère des imprimeurs est souvent la cause que de très bons ouvrages restent dans l'oubly. » (Bibl. d'Arles, recueil de Bonnemant intitulé *Provence*.)

[4] Voy. Du Cange-Henschel, t. VII, p. 450. Mazaugues y renvoie lui-même, dans une des notes dont il sera question ci-après : « N. Renaud, *les Chastes Amours*. Voy. *Histoire des Troubadours*, par Chastueil, ms. »

[5] Rouard, ouvrage cité, p. 279.

— 70 —

M. Paul Arbaud a acquis dernièrement un recueil ms. composé de notes et notices de toute main et de tout format, concernant des poëtes ou écrivains provençaux, et qui ont été rassemblées et mises en ordre par Fauris de St-Vincent. Dans le nombre se trouvent cinq notices sur des troubadours, qui sont évidemment des fragments détachés d'un seul et même ouvrage, et qui ont toute l'apparence de copies mises au net pour l'impression. L'écriture[1], le papier et le format sont les mêmes. Je suis très-porté à croire que ce sont des fragments de l'ouvrage de Pierre de Chasteuil. Deux de ces notices renferment des extraits des poëtes qu'elles concernent, ce qui s'accorde bien avec les indications du *Supplément des Essais de littérature* [2], du P. Lelong [3] et des continuateurs de Du Cange [4]. Si les trois autres n'en contiennent pas, c'est que l'auteur n'avait rien trouvé dans son ms. des poëtes auxquels elles sont consacrées.

Ces cinq notices sont celles de Giraut de Borneil, de Guilhem de Montagnagout, de Perceval et Simon Doria, de Boniface de Castellane et de Raimon Féraud[5]. Les trois dernières se fondent exclusive-

---

[1] C'est une grosse et très-lisible écriture, qui paraît celle d'un copiste ; il y a des corrections d'une autre main, probablement celle de l'auteur.

[2] « C'est un ouvrage qui ne peut estre imprimé que sous les yeux de l'auteur, à cause des citations provençales dont il est rempli. » I. 149.

[3] « Histoire des troubadours ou poëtes provençaux continuée jusqu'à présent, composée sur les anciens mss. et sur des mémoires particuliers par Pierre de Gallaup, sr de Chasteuil (qui a ajouté à chaque vie quelque pièce de chaque poëte avec une trad. française). »

[4] Une citation de ces derniers nous apprend en effet que Pierre de Chasteuil, sans doute dans sa notice sur Guilhem Figueira, mentionnait le sirventes de ce poëte *Nom laissarai per paor*, et en rapportait au moins un fragment : « FELONIA... fraus, quo sensu occurrit in stat. (?) apud D. de Chastueil-Gallaust in *Hist. ms. poet. Provinc.*

      L'engan e la felonia
      Que mou la falsa clergia. »
           (Edit. Didot, III, 220.)

[5] Chacune d'elles porte un numéro d'ordre à l'angle gauche supérieur et une date au-dessous, date évidemment empruntée à Nostredame, et qui a déterminé le classement. Voici ces nos et ces dates :

No 86. Perceval Doria et Simon Doria. 1276.— No 87. Montagnagout. 1277. — No 88. Boniface de Castellane. 1278. — No 89. Guiraud de Borneil. 1278. — No 90. Raimond Féraud. 1300.

Ce sont donc cinq chapitres consécutifs (86 à 90) de l'ouvrage en question qui ont échappé au naufrage.

[6] Le ms. 854 de la B. N. est un de ceux qui contiennent ce sirventes.

ment sur Nostredame[1]. Quant aux deux premières, elles ont été rédigées d'après un ms. qui paraît être le n° 854 actuel de la B. N°. Je les donne ici, malgré leur insignifiance, pour satisfaire la curiosité qu'un ouvrage sur les troubadours, composé vers 1700, doit naturellement éveiller chez ceux qui s'intéressent à l'histoire des études provençales.

MONTAGNA COT[2]

Il est peint vêtu de bleu, jouant de la harpe[4].

Je ne sçay pas pourquoy l'Auteur de notre manuscrit ne nous a rien apris de l'Etat ny de [la] vie de ce Troubadour[5] duquel il a recueilli quelques chansons[6]; & comme Nostradamus ne l'a pas mis au nombre de ses poetes[7], j'ay taché de le reconoitre dans ses ouvrages, où il paroit dans la première[8] de ses chansons qu'il n'étoit pas amy des ecclesiastiques & qu'il vivoit sous le regne d'Alphonse premier, roi de Castille, dit l'Astrologue ou le Sage. On sçait que ce roy fut eleu Empereur

---

[1] A la fin de la notice sur Boniface de Castellane, l'auteur renvoie « à l'article » du « Moine de Montmajour », dont il reconnaît parfaitement l'identité, comme il paraît par ce qu'il en dit, avec le moine de Montaudon (cf. ci-dessus, p. 84, note 2). Il ajoute : « Il ne reste aucun des ouvrages de Boniface. » Ce qui veut dire qu'il n'y en avait pas dans son ms.

[2] C'est peut-être le seul dont Pierre de Chasteuil-Gallaup, malgré ses dires, ait eu réellement une copie. Il ne parle jamais en effet que d'un seul ms., et nous savons avec certitude qu'il possédait une copie du ms. 7225 (aujourd'hui 854). Le président de Mazaugues, qui en devint plus tard le possesseur, le dit expressément dans un passage que je citerai plus loin. Il faut en conséquence rectifier ce que j'ai dit ci-dessus, p. 30, du ms. de Fauris de S.-Vincent, identifié avec la copie du ms. (réel ou prétendu) du Louvre. Le ms. de Fauris de S. Vincent était le même que le ms. de Mazaugues. Cf. Raynouard, *Choix*, I, 440, et J. Beauquier, les *Provençalistes du XVIII° siècle*, p. 20.

[3] Même forme dans le ms. 854.

[4] *Sic* dans le ms. 854.

[5] La vie de ce troubadour ne se trouve pas dans le ms. 854.

[6] Il y en a trois dans le ms. 854.

[7] Chasteuil est excusable de ne pas avoir reconnu ce poète dans le prétendu Guilhem de Agoult de Nostradamus.

[8] Cette chanson est la seconde dans le ms. 854. Mais elle pouvait être la première dans l'extrait de ce ms. que possédait Chasteuil.

[9] Il n'y en a pas dans le ms. 854.

dans le mois de janvier de l'an 1257, dans le temps que Richard, dont nous avons déjà parlé[1], avait été aussy eleu Empereur. Notre roy de Castille se contenta de prendre le nom d'Empereur sans jamais sortir de ses Etats : ce qui donne une époque certaine que Montagna Çot vivoit de ce temps. Voicy comme il parle du clergé :

> Per que volh clers tan bella vestidura,
> Ni per que volh viure tan riquemen ?
> Ni per que volh bella cavalcadura ?
> Qu'el sanp que Dieus volt viure paubramen !
> Ni per que volh tan l'autruy ni enten
> Qu'el sap que tot can met ni can despen
> Per son maniar, & son vestir vilmen
> Tolt lo als paubres, si non ment l'Escritura[2].

« Pourquoy est ce que les clercs veulent etre sy bien vetus, et vivre si richement. Pourquoy veulent ils avoir de si beaux chevaux ? Ne sçavent ils pas que Dieu a voulu vivre pauvrement ! Pourquoy veulent-ils avoir le bien d'autruy, soit a leur table, soit à leur habillement ? Ils l'ostent aux pauvres, sy l'Escriture ne ment. »

Voicy l'envoy qui me semble établir ce que je dis de ce troubadour :

> Reys Castillans, l'Emperis vos aten
> Mas sai disen seigner qu'aten demen
> Cui de Bretos de qu'es mout gran rencura
> Car daut rey ceinq quant un gran fai empren
> Qu'el traga cap on sega l'aventura[3].

« Roy de Castille, l'Empereur vous attend, mais on dit cependant que le Breton s'en dit le Seigneur, ce quy fait murmurer beaucoup du monde ; car je crois qu'un grand roy ne doit pas faire une grande entreprise de laquelle il ne viene a bout & du succez de laquelle il ne soit asseuré. »

---

[1] Vraisemblablement, comme chez Nostredame, dans un chapitre spécial où Richard Cœur-de-Lion était peut-être confondu, comme chez celui-ci, avec son neveu.

[2] C'est le troisième couplet du sirventés *Per lo mon fan l'us dels autres rancura*, qui a été publié par Raynouard (*Choix*, iv, 333), probablement d'après le ms. 856.

[3] Je transcris ces vers tels que Chasteuil 'es a lus. Il est sans doute su-

Le Breton duquel il parle était Richard d'Angleterre beau-frere de S¹ Loüis, qui dans ce temps s'étoit allé faire coronner roy d'Allemagne.

GUIRAUD DE BORNUEIL
Il est peint fort jeune et en robe blue[1].

Quoy que Jean Nostradamus ayt écrit que Giraud de Bornueil etoit gentilhomme, il est toutefois asseuré qu'il etoit de basse naissance, Limosin d'origine, né dans le chateau de Sidueil, qui apartenoit au vicomte de Limoges. Mais s'il n'etoit pas illustre par sa naissance, il etoit homme de beaucoup d'esprit et de jugement, et très sçavant dans les belles lettres. Il n'y avoit aucun troubadour qui l'eut precedé qui luy fut égal, et ceux qui sont venus après luy n'ont jamais aproché de son sçavoir et de son mérite. Ce fut pour cella qu'il fut apellé leur maistre, comme il l'est encore de tous ceux qui connoissent la délicatesse de sa poésie, ou l'on remarque une grande justesse et beaucoup de sentiments amoureux, que Pétrarque qui l'a si bien imité et qui a puisé dans ses œuvres toute la finesse de ses vers, dit en parlant de luy que c'etoit un des plus sçavants poëtes de son temps[2]. Son occupation ordinaire etoit de travailler pendant tout l'hiver a ses poésies, et de suivre pendant tout l'été les cours des princes, accompaigné de deux musiciens ausquels il faisoit chanter ses chansons. Il ne voulut jamais s'assujetir au lien du mariage, et il distribuoit les presents que luy faisoient les princes et les seigneurs a ses pauvres parents, ou a l'Eglise de la ville de sa naissance qui etoit dédiée a S¹ Gervais. Il n'y a point d'autre différence en la vie que Nostradamus a ecrite de ce poëte. Les manuscrits

perflu de faire remarquer qu'il faut corriger v. 2-3 *atendemen Fai*, v. 4, *taing*, et modifier en conséquence la traduction. Inutile également de relever la méprise de Chasteuil concernant « le Breton », où il croit voir Richard d'Angleterre. Il n'y a là qu'une allusion à cette vaine attente d'*Artus* par les Bretons, devenue proverbiale au moyen âge.

[1] *Sic*, dans le ms. 854 de la B. N.
[2] Pétrarque ne dit rien de pareil. Chasteuil ne fait ici, au reste, que développer Nostredame, en renchérissant, selon son habitude, sur ce dernier.

dont il s'est servi etants conformes a celuy que j'ay en main. Il y ajoute seulement que ce troubadour mourut l'an 1278. Il reste quarante six chansons de ce poëte et quelques sirventes[1]. Je mets icy la premiere stance de la premiere[2]:

> Aquest terminis clars e gens
> Que tan desirar e volguts
> Deu esser ab joi recebuts,
> Chacun en sin jausens
> Car uen estats
> Ab sais clartas
> A cui non plats
> Coi el solats
> Non es amats ni amaire.

« Ce temps si clair et si agréable, tant désiré et tant souhaité, doit être receu avec joye. Que chacun s'en rejouysse; l'esté vient avec ses clartés, et celuy a qui la joye et les plaisirs ne plaisent pas, n'est ny aymé, ny amoureux. »

Pierre de Chasteuil-Gallaup nous a appris lui-même le sujet d'un autre chapitre de son ouvrage dans un passage, que j'ai déjà signalé plus haut (p. 69, note 1), de ses *Réflexions sur le libelle intitulé: Lettre critique de Sextus le Salyen à Euxenus le Marseillois*. Voici ce passage :

Et a ce que notre critique adjoute que ce dernier [Raimond Berenger, frère d'Alfonse II, roi d'Aragon] avoit été célébré sous le nom de Pierre de Provence, où a-t-il fait cette découverte? Car nos anciens[3] assurent que ce roman composé pre-

---

[1] Le ms. 854 est divisé en trois sections. La première, consacrée aux chansons, en contient 48 de Giraut de Borneil; la troisième, qui est celle des *sirventés*, n'en a qu'un seul de ce troubadour.

[2] Cette chanson est la seconde dans le ms. 854. Elle a été publiée mainte fois.

[3] Lesquels ? Pierre de Chasteuil aurait bien dû les nommer. Dans un recueil ms. de la bibliothèque de Carpentras dont il sera parlé plus longuement à l'article suivant, et qui se compose en grande partie de notes et copies diverses provenant des Chasteuil, on trouve quelques lignes sur le même sujet, dont l'auteur, — peut être Pierre de Chasteuil lui-même ou son père, — est moins affirmatif à cet égard. Les voici: « Pierre Sylva ou Selva avoit servi le comte Remón.....et fait le voyage d'Italie où les Syenois ayans reconnu sa valeur l'establirent leur maistre de camp contre les Florentins. Apres beaucoup de

mierement en vieux vers provençaux, et traduit ensuite en langue françoise, avoit été fait pour Pierre de Selva ou de Silve, lequel apres avoir servi longtemps sous le comte Raimond Berenger premier, fit le voyage d'Italie, où son mérite et sa valeur l'ayant fait connoître, les Sienois le choisirent pour leur mestre de camp general, en la guerre qu'ils avoient contre les Florentins: qu'il n'etoit nommé en ce païs que le Provençal, ou Pierre de Provence. Et il ne me sera pas difficile d'en rapporter la preuve dans mon Histoire de la poésie provençale par l'original ms. de ce roman. »

L'original ms. de ce roman ! Pierre de Chasteuil m'a l'air de promettre ici beaucoup plus qu'il ne pouvait tenir, et il serait, à mon avis, fort imprudent d'admettre, sur son seul témoignage, que l'original provençal du joli roman de *Pierre de Provence et de la belle Maguelone* existât encore, en effet, au commencement du XVIII° siècle.

II

Le recueil ms. de M. Paul Arbaud, outre les cinq notices dont je viens de parler et que je crois être autant de chapitres de l'ouvrage perdu de Chasteuil-Gallaup, renferme divers extraits, de mains différentes, concernant des auteurs provençaux. Ces extraits proviennent, pour la plupart, de la *Bibliothèque françoise* de Lacroix du Maine et de celle de Du Verdier. Dans le nombre se trouvent cinq feuillets doubles écrits de la main du président de Mazaugues, et qui contiennent un certain nombre de notes plus ou moins sommaires sur divers troubadours. La plupart de ces notes sont informes ; mais quelques-

beaux faicts et la victoire de Montapere [lis. Montaperto] il fut à la fin prisonnier ; on lui coupa le cou et sa teste fut mise au bout d'une lance, fut portée par tout le camp. Il n'estoit nommé que le Provençal (Landyn). On croit que le roman de la Belle Maguallone est faict pour ce Pierre de Provence. »— Il y a ici une confusion, inconsciente ou volontaire, entre le Pierre de Sylva, réel ou prétendu, dont il est question, et un personnage différent. Voici le passage de Landino (Commentaire de la *Divine Comédie, Purg.*, XI, 121), auquel, évidemment, on renvoie : « Costui fu Messer Provenzano Salvani, Senese, il qual fu signor di Siena. Et trovossi vincitore alla rotta di Montaperto. Dopo nel mille dugento sessantanove con mille quattrocento cavalli e otto mila pedoni assediò Colle. Ma il Fiorentino essercito lo soccorse, e ruppe i Senesi.......Provenzano fu preso, e tagliatoli il capo, e fitto nella punta d'una lancia, portato per tutto il campo. »

unes sont de vraies notices, composées et rédigées, et amenées au degré probable d'achèvement que l'auteur voulait leur donner; des chapitres tout prêts, en un mot, à prendre place dans l'*Histoire de la littérature provençale* qu'il avait entreprise[1]. Telles sont celles du Dauphin d'Auvergne, de l'Evêque de Clermont et de Peirol (le prétendu Peire del Vernegue de Nostredame). Sur ce dernier poëte, il y a même deux notices, l'une qui est, comme je le suppose, la définitive, l'autre qui est le premier jet de celle-ci. Ces fragments et ces brouillons de l'ouvrage, resté sans doute inachevé, du président de Mazaugues, ne peuvent du reste nous apprendre rien de nouveau, l'auteur n'y mentionnant, et n'ayant connu, à ce qu'il paraît, aucun ms. que nous n'ayons encore. Mais ils ne sont pas sans intérêt pour l'histoire de nos études, dont ils constatent le progrès sensible dans l'espace de quelques années, de Pierre de Chasteuil (1644 — 1727), qui copiait presque partout Nostredame, à Thomassin de Mazaugues (1684 — 1743), qui rejetait sans hésiter les fables de ce dernier, même les erreurs d'historiens plus autorisés (tels que Baluze), et ne s'en rapportait qu'aux documents originaux[2]. Je crois en conséquence devoir donner ici, pour que chacun puisse se rendre compte du progrès que je signale, la notice de Peire del Vernegue (Peirol), dans la rédaction que j'ai plus haut qualifiée de définitive[3].

[1] Voy. J. Beauquier, les *Provençalistes du XVIIIe siècle*, pp. 8, 10, 17. — A la marge supérieure de l'une des notices dont il est ici question, celle qui concerne Giraut de Borneil, laquelle était probablement en tête des autres, avant le classement alphabétique qui les a dispersées dans le recueil de M. Arbaud, Fauris de S. Vincens a inscrit ce qui suit : « Notes sur les troubadours et l'ouvrage de Nostradamus. » Le but principal de l'auteur paraît avoir été, en effet, de signaler et de réfuter les erreurs et les fables de Jean de Nostredame.

[2] Ce que faisaient aussi, comme on l'a vu par l'intéressante correspondance publiée par J. Beauquier (les *Provençalistes du XVIIIe siècle*, *passim*), ses contemporains Caumont, la Bastie, Sainte-Palaye et Falconet.

[3] Voici, par ordre alphabétique, les noms des troubadours que concernent les notes et notices de Mazaugues réunies dans le recueil de M. Arbaud. Je conserve l'orthographe de l'auteur et ajoute çà et là quelques extraits:

Arnaud Daniel. Ce n'est ni Montaudon ni Montmajour qui a fait la chanson, mais Peire d'Auvergne. C'est le 7e. Je le crois Auvergnat ou Limosin. (Article complet.)

Bernard de Ventadour..... J'ay de luy une chanson de 7 stances de 8 vers chacune avec l'envoy de 6 vers. [Sans doute dans la copie partielle du ms. 854 (alors 7225) qu'il possédait et qui lui venait des Chasteuil. Voy. ci-dessus, p. 71 n. 2].

Le Dauphin d'Auvergne.

PEYRE DEL VERNEGUES[1]

On ne sçauroit s'empêcher sur cet article de faire remarquer une faute de Nostradamus qui par un zele aveugle pour

L'Eveque de Clermont.
Giraut de Bournelh.
Guilhaume de Riba.
Peyre Roger. C'est un vray roman que sa vie dans Nostradamus... Il est le 2ᵉ dans le ms. du Roy [854 actuel]. Sa vie conforme à celle du Vatican [auj. 12473 de la B. N. à Paris.]
Grimoars Gausmars. C'est celuy dont Nostradamus parle à l'art. de Guilhem Adhemar, qu'il a travesti ou du moins confondu. Ce n'est point Montaudon qui l'a critiqué, mais Peire d'Auvergne, le Gᵉ. [En marge de cet article, ici reproduit en entier: Examiner.]
Guillem de Sᵗ Didier.
Perdigon.
Pierre Cardinal.
Savaric de Mauleon. Poitevin et non Anglois. Chastueil, p. 21. [C'est au *Discours sur les arcs triomphaux* que Mazaugues renvoie ici; il mentionne en outre simplement, en renvoyant au même ouvrage, Ugo de la Bacalaria, Ildefonse (tenson avec Giraud de Borueil), Azalais de Porcairagues, Pons de Merindol.]
Rappelons ici que l'illustre Peiresc, grand-oncle du président de Mazaugues, s'était aussi occupé des troubadours et en général de la littérature et de la langue provençale: « Multa quoque disseruit de vocabulario quodam et grammatica linguæ provincialis, prout se Petrarcho tempestate habuerat (videlicet postquam utrumque obtinuit ex bibliotheca Florentina quæ S. Laurenti dicitur), itemque de poetis provincialibus, qui Trobadores (quasi dixeris inventores) appellati sunt, eo videlicet tempore, quo principes etiam ac Reges linguam Provincialem excolebant. Quo in argumento fuit non parum adjutus indicibus librisque missis ab erudito comite Friderico Ubaldino apud cardinalem Barberinum commorante. » (Viri Illustri N. C. Fabricii de Peiresc ....vita, per Petrum Gassendum, p. 312.)—C'est évidemment du *Donat provençal* qu'il s'agit dans les premières lignes de cet extrait. La copie qui fut faite pour Peiresc du ms. de la Laurentienne, car ce fut sans doute une copie seulement qu'on lui envoya, et non l'original lui-même, ne serait-elle pas celle que possède la Bibl. nationale (n° 7534 du fonds latin)? Quant aux dissertations de Peiresc et sur cet ouvrage et sur les troubadours, il y a lieu de craindre qu'elles ne soient perdues. Rien de pareil en effet n'a été signalé ni dans la bibl. de Carpentras, ni dans aucun autre des dépôts publics qui possèdent des mss. de l'illustre savant.

[1] En marge de la première rédaction de cette notice, on lit: Art. 3; ce qui est justement le n° du chapitre consacré à Peyre del Vernegue dans les *Vies* de Nostredame.

sa patrie a voulu donner à ce troubadour une origine provensalle contre la vérité de l'histoire, défaut dans lequel il est tombé souvent dans ses ouvrages. Le vray nom de ce Peyre del Vernegues est Peirols d'Auvergne, le même dont Crescimbeni parle p. 211. Sa vie, tirée du Ms. du Roy Cod. 7608, qui est rapportée par Baluze dans les preuves de l'Histoire de la maison d'Auvergne [1], lui atribue une partie des circonstances qui sont dans Nostradamus, sur son amitié avec le Dauphin, sur son amour pour sa sœur, et sa retraite, en sorte qu'on ne peut pas s'y méprendre, et que c'est absolument la même personne. Nostradamus avoit été de meilleure foy dans l'original Ms. que j'ay [2], car il le nome *Peirol*, et suit a la letre cette vie du Ms. du Roy, conforme à celles du Vatican [3].

Il etoit d'un chateau dit Peirol, pres de Rochefort en Auvergne, ville qui estoit comprise dans les terres du Dauphin, suivant le dénombrement qu'en fait Baluze [4].

Cet autheur a relevé la méprise de Nostradamus [5] d'avoir fait ce poete natif de Vernegues; mais il est tombé luy meme dans une autre, en le confondant avec Peyre d'Auvergne dit le Vieux, natif de près de Clermont, plus ancien que luy, faute dans laquelle quelques autheurs sont tombés [6].

La sœur du Dauphin dont ce poëte fut amoureux se nomoit Assalide d'Auvergne [7], mariée à Beraud, seigneur de Mercueur, d'une des principales maisons d'Auvergne, dont etoit sorti St Odilon, abbé de Clugny, vivant sur la fin du 10e siecle [8]. Nassal est mis pour Donna Assalide. Le Ms. du roy [qui] la nomme

[1] T. II, p. 252.
[2] Cet original ms., premier jet de l'ouvrage de Jean de Nostredame, est conservé dans la bibl. d'Inguimbert, à Carpentras. Je l'ai reproduit en entier dans mon édition des *Vies*.
[3] Aujourd'hui n° 12473 de la B. N. (anc. Vat. 3204).
[4] T. I, p. 158, p. 65.
[5] T. I, p. 159.
[6] Mazaugues lui-même n'avoit pas su s'en défendre dans la première rédaction de cette notice : « Les anciens mss. de la Bibliothèque du Roy le nomment Peyre d'Alvergne, au raport de Baluze, qui est son véritable nom, ainsi que les aventures de son histoire le démontrent. »
[7] Baluze, t. I, p. 65.
[8] *Ibid.*, t. I, p. 28.

Sail de Claustra, et son mary Beraut de Mercuor, et non Bernart, atribue la jalousie non à son mary, mais au Dauphin, par un principe d'honneur, pour la reputation de sa sœur, et ne parle pas de sa retraite en Provence, dont les circonstances rapportées par Nostradamus, sur la foy du moine de S' Cesaire, qui n'existe plus [1], et qu'il avoit retranchées dans l'original Ms. que j'ay, me paroissent fabuleuses, surtout ce mausolée au Vernegues, qui a un faux fondement, sçavoir qu'il etoit seign' de ce lieu, village dans la viguerie d'Aix, et diocese d'Arles. La chronologie même ne s'y accorde pas beaucoup, car difficilement peut-il s'être retiré en Provence et y avoir fleury en 1178, puisque le Dauphin avec qui il fut en grande amitié n'est mort qu'en 1234 et n'a succedé à son pere qu'en 1168. En sorte que ce poëte doit avoir fleuri en Auvergne en 1180 ou environ. Aussi Nostradamus dans l'original Ms., plus exact que l'imprimé, le fait flourir en 1185.

On ne sçait pas pourquoy Assalide d'Auvergne est nomée de Claustre, comme si c'étoit le nom de sa famille [2]. Baluze tache d'en trouver des exemples dans ces temps là. Ainsi Beatrix, femme d'André de Bourgogne, quoique de la maison de Sabran, est qualifiée dans d'anciens actes Beatrix de Claustral, etc.

Le même autheur remarque [3] que c'etoient des amours sans vilainie, et que les plus grandes dames se faisoient alors honneur d'aimer les poëtes et d'en être aimées.

Nostradamus, dans l'original ms. avoit seulement dit qu'il étoit fait mention de la prise de Jerusalem par Saladin en une des chansons de ce Troubadour. Il a voulu broder dans l'imprimé, en avancant qu'il avoit composé un chant exprès sur cet evenement, arrivé en 118 .

J'ay dans mon Ms., qui est une copie en abrégé du Ms. des Troubadours de la bibl. du Roy [4] un tenson (qui est le 40°) de ce poëte avec le Dauphin, *Lo Dalfin et Den Peirol*, et deux chansons, la 1re de 6 stances de 7 vers chacune avec l'envoy à la fin de trois vers.

[1] Il faut entendre, évidemment, « dont l'ouvrage n'existe plus. »
[2] Baluze, t. I, p. 68.
[3] *Ibid.*, t. II, p. 159.
[4] Le ms. de la B. N., actuellement coté 854. dans lequel la tenson entre

Cansoneta vai de cors
Dir a mi dons que te reteigna
Pois mi retenir non deigna¹.

La seconde est de 7 stances de 6, de 11 et de 12 vers plus petits (*sic*), et est qualifiée sonnet :

Voili un sonet faire².

L'on ne doit pas finir cet article sans faire observer une méprise de Nostradamus, en ce qu'il fait fleurir ce poëte du temps d'Alfons, comte de Barcellone et de Provence, fils de Remond Berenguier. Cet Alfons est une personne suposée que cet autheur et César de Nostradamus, son neveu, dans son Histoire de Provence, ont introduit contre la vérité et qu'ils font fils de Remond III, comte de Provence, dit le jeune, et de Richilde. Bouche a prouvé³ incontestablement que ce Remond ne laissa qu'une fille nomée Douce, fiancée au fils du comte de Tolose, et morte en bas age, et que cet Alfons n'est autre qu'Ildefons I, Roi d'Arragon, comte de Barcellone, cousin germain du précédent, à qui il succéda au comté de Provence en 1166, et mourut en 1196. Il etoit fils de Remond Berenguier, comte de Barcellonne, Prince d'Arragon, dit le Vieux, et de Petronille d'Arragon, lequel fut aussi comte de Provence.

Le fonds de cette fable du mausolée de ce Troubadour est tiré de ce passage de Jul. Raymond de Souliers dans ses commentaires sur les antiquités et Histoire naturelle de Provence, duquel ouvrage Nostradamus parle sur la fin de sa preface : « Ernagium cujus meminit Plinius locus est hodie ignobilis et periniquus, quomdam *Mausoleo* quod nunc dirutum est clarus, a Salono sex milliaria remotus. Corrupto nomine addita littera V, *Vernegues* apellatur, a tabellionibus latinitatis corrupto-

---

Peirol et le Dauphin d'Auvergne est en effet la quarante sixième de la série et porte exactement la même rubrique qu'on indique ici.

¹ C'est la chanson *Dels sieus tortz farai esmenda* (Bartsch, *Grundriss*, 366, 12).

² Second des vers de *En joi quem demora* (*Grundriss*, 366, 15) Tous les couplets de cette pièce sont en réalité composés uniformément de douze vers de cinq syllabes, sauf la tornade, qui n'en a que quatre.

³ *Histoire de Provence*, t. II, p. 146.

— 81 —

ribus *Vernico.* » Ce qui est encore confirmé par Bouche dans sa chorographie de Provence [1], quoi qu'il croye qu'Ernaginum ne soit pas le Verneguès, mais St Gabriel ou bien Maillane.

III

Jean de Chasteuil-Gallaup, procureur général en la Cour des comptes, aides et finances de Provence († 1640), père [2] de Pierre de Chasteuil-Gallaup, ne fut pas animé d'un moindre zèle que son fils pour les anciennes gloires littéraires de sa province. Je dois ajouter que ce ne fut pas d'un zèle plus éclairé. Il en donna la preuve en 1624, dans l'ouvrage qu'il publia à cette date sous le titre, — que son fils devait reprendre près de quatre-vingts ans plus tard, sauf la modification imposée par le changement des personnes, — de *Discours sur les arcs triomphaux dressés en la ville d'Aix, à l'heureuse arrivée de tres chrestien, tres grand et tres juste monarque Louis XIII, roy de France et de Navarre.* Dans ce livre, il est plusieurs fois question des troubadours, et c'est seulement des Nostredame, oncle et neveu, que l'auteur s'inspire, sans que l'idée lui soit venue une seule fois de contrôler leurs dires. Il dut avoir à sa disposition au moins un chansonnier provençal, car il rapporte in extenso (p. 16) la pièce de Richard-Cœur-de-Lion, *Ja nuls om pres.* Cette pièce n'a chez lui que quatre couplets, les mêmes que dans le ms. 12472 de la B. N., ce qui doit faire supposer que c'est de ce ms. qu'il l'a tirée, bien qu'il ne donne que la première des deux tornades qui s'y trouvent, d'autant plus que le texte ne présente, du ms. à l'imprimé, que des différences insignifiantes et de celles qui s'expliquent facilement d'elles-mêmes [3]. J'ajou-

[1] T. I, p. 317; p. 132.

[2] Il était fils de Louis de Galaup, sieur de Chasteuil, auteur d'une traduction des Psaumes en vers français, publiée en 1595 sous le titre de *la Pénitence royale*, et grand ami de César de Nostredame, comme son fils le fut aussi.

[3] La copie de la chanson de Richard, dont j'ai parlé ci-dessus, p. 80, note 2, présente exactement le même texte que l'imprimé, ce qui n'a rien d'étonnant si, comme il est probable, cette copie a été faite par Jean de Chasteuil lui-même. Le recueil de miscellanées où elle se trouve (bibl. de Carpentras, add. n° 11) se compose en effet, en grande partie, de papiers, notes et extraits divers provenant de lui et de sa famille. Ainsi on y voit, au f° 7, le dessin d'un monument avec l'épitaphe de Louis de Chasteuil, père de Jean ; au f° 208, une homélie sur saint Mitre, accompagnée de la note suivante de l'un de ses fils : « Cette homélie est de feu M. François de Gallaup, mon oncle de sainte mémoire (le *Solitaire du Mont Liban*, † 1644), et est toute escrite de sa main » ;

terai que, si j'avais connu le *Discours* de Jean de Chastueil[1] quand j'ai rédigé les articles concernant Mlle Lhéritier et Achard (ci-dessus, pp. 36, 38), je n'aurais pas hésité à exprimer l'opinion que c'est de cet ouvrage, et non directement d'un ms., qu'ils ont tiré l'un et l'autre la chanson de Richard.

Pour revenir au ms. 12472, je remarquerai ici qu'il n'y aurait rien d'invraisemblable à ce qu'.. se trouvât en 1624 en la possession même de Jean de Chastueil. Ce ms. avait, en effet, appartenu à Jean de Nostredame, et nous allons voir qu'un autre ms. de ce dernier était devenu alors la propriété de l'auteur du *Discours sur les arcs triomphaux*, lequel en a justement tiré le sujet du chapitre pour nous le plus intéressant de tout son livre. Voici ce chapitre en entier. C'est un résumé très-sommaire, mais très-exact, du roman de Tersin, que M. Paul Meyer a publié en 1872 dans le premier volume de la *Romania*, sans connaître, à ce qu'il paraît, l'ouvrage de Jean de Chastueil-Gallaup, qui aurait pu le mettre sur la trace du véritable auteur de ce récit.

TROISIESME ARC.

[P. 21] Tersin, premier comte de Provence, paroît sur le haut de cette machine chargée de tant de harnois divers et de tant de vieilles machines de guerre[2].

Les crestes sourcilleuses d'une montagne d'armes et de corps entassés l'un sur l'autre en trophée l'élèvent en triomphe et le portent aux cieux.

On voit son corps panché sur le long bois de sa pique, et sous ses piés sept roys, deux princes et deux comtes vaincus.

Sur la foy d'un vieux manuscrit provençal, j'ose nommer les roys Archin, Carbuyer, Andogier, Autan, les roys de Tar-

---

au f° 188, une lettre à « M. de Chastueil, conseiller du roy et son procureur général en la cour des comptes, aydes et finances à Aix »; ailleurs, f° 212, une autre lettre du s^r Marcheville, chargé « par son altesse Monsieur de remercier de sa part M. de Chastueil. » (4 mars 1639.)

[1] Cet ouvrage manque à toutes nos bibliothèques de Montpellier. C'est grâce à l'obligeance d'un ami d'Aix que j'ai pu le lire.

[2] La figure qui accompagne le texte représente en effet Tersin au sommet de l'arc, et comme on le décrit ici. A l'un des côtés de l'arc qu'il domine, on voit la statue de Raimon Bérenger, dernier comte de la maison de Barcelone; à l'autre, celle de Charles II. Charles Ier ne figure nulle part. L'antipathie que ce prince avait inspirée aux Provençaux durait-elle donc encore au commencement du XVIIe siècle?

tarie, de Troye et de Gallice, les princes d'Hermin et Montarin, les comtes Bygard et d'Agassin. Roys, princes, comtes infortunés que ce jeune prince fit sortir à coups d'espée de la ville d'Arles, où ils s'etoyent relancés fuyans devant ses armes victorieuses ou plustost devant la victoire même.

Les historiens varient étrangement sur son nom. Il en a été appelé Torsin, Vorson, Corson, Torson, Thesin, Tressin, Thursin, Tersin. Le pénible travail de la curieuse et sçavante plume de M. Catel[1] semble deffendre à la mienne le rapport de leurs opinions contraires, touchant son origine, ses faicts et son regne. Parmy ces diversités, l'un des plus grands hommes que nostre Province ait vu, autheur de mon ms., asseure qu'il estoit sarrazin, et que sa valeur, dont rien n'avoit pu soustenir l'effort, fit joug à la fin dans les murs d'Arles, sous les armes invincibles de Charlemaigne ; qu'estant prisonnier de ce monarque pieux et magnanime, par traité de paix il fut accordé entre eux :

Que Tersin recevroit le sainct Baptesme et le feroit recevoir à son armée sarrazine ; que Charlemagne en échange donneroit à Tersin cette vaste estenduë de la domination qu'on dit avoir été du vieux sceptre de Tolose.

Sa puissance s'etandoit doncques sur toute la Province à qui

---

[1] Jean de Chasteuil fait ici allusion au chapitre V de l'*Histoire des comtes de Tolose*, p. 42, où Catel se défend judicieusement d'accepter les fables accueillies par Nicole Gilles, du Tillet et même le docte président Fauchet, concernant Tersin. Il y cite, en outre, « un ancien auteur ms. », qui dit que Charlemagne « comitem Tolosæ præposuit Torsinum cui Burdigalam, Narbonam et Provinciam, a suis prædecessoribus, licet infidelibus, possessam, restituit » ; et un « Sommaire recueil de la création et érection de la comté de Tolose......, extraict des registres de la maison de ville de Tolose », qui ne paraît pas, à en juger par la langue, antérieur au XVIe siècle, et dont il rapporte ce qui suit : « Et lors en l'an de grace DCC.LXXVIII, en la cité de Tolose dominoit un prince sarrazin nommé Torsinus, homme vaillant et chevaleureux, lequel desitant venir à la foy chrestienne, vint à Charles le grand et se fit baptiser, dont Charlemagne, qui paravant l'avoit despouillé de ses terres et seigneuries pour son idolatrie le restitua en ses dites terres et seigneuries, comme de Tolose, Bordeaux, Narbonne, Provence, et érigea ladite seigneurie de Tolose en comté et pair de France, et fut ledit Torsinus le premier comte chrestien.

« Ce fait, Torsinus alla mettre le siege devant Bayonne... » Cf. la *Genealogia dels comtes de Tolosa*, publiée par le même Catel, à l'endroit cité par M. Paul Meyer (*Romania*, I, 60).

après on donna le nom de Marquisat, delà le Rhosne, par de
là Avignon, Narbone, Bordeaux, Poictiers, et tous les environs des Pyrénées.

Les comtes de Provence et de Tolose sont descendus de
luy. Rudel en avoit hautement chanté les armes ; mais nulle
rade, ô malheur ! pour cette belle pièce, au naufrage universel de nos Troubadours.

Cette saillie faisoit l'inscription de ce valoureux prince :

> Hos ego
> me magnus Carolus
> ille etiam victor
> capiti meo coronam
> imposuit
> hanc ego pedibus tuis.

Et vrayment de quel autre discours pouvoy-je animer cette
statue pour saluer le sang de Charlemagne, et celuy qui en
porte si dignement le sceptre ?

Je ne doute pas que le personnage désigné ci-dessus par Jean de
Chasteuil comme « l'un des plus grands hommes de la province » ne
soit Jean de Nostredame, et que dans le ms. mentionné il ne faille reconnaître celui qui porte aujourd'hui, à la bibliothèque de Carpentras,
le n° 522, et qui est intitulé : *So que s'es pogut reculhir dels comtes
de Prouvensa et de Forcalquier*[1]. Ce ms. est tout entier de la main de
Jean de Nostredame, et l'histoire de Tersin y occupe les folios 3 à
12. Des deux rédactions que M. Paul Meyer a publiées de ce roman,
la première, A, est une copie pure et simple de la partie correspondante
du ms. de Nostredame, la seconde en est un abrégé ; abrégé fait,

---

[1] On en trouvera de nombreux extraits, parmi lesquels la prétendue histoire de Tersin, dans mon édition de Nostredame, pp. 205-220.

[2] Ces deux rédactions ont été tirées l'une et l'autre du recueil de miscellanées de la bibl. de Carpentras, dont il a été question ci-dessus, p. 75, note
3, et p. 82, n. 3, et elles proviennent probablement l'une et l'autre de la famille de Chasteuil. Je crois même reconnaître dans l'une d'elles, celle qui n'est
qu'un abrégé de l'original (B. de M. Meyer), la main de Jean de Gallaup.

comme le démontrent certaines particularités, que ce n'est pas ici le lieu de détailler, sur l'original même, ou du moins sur une copie autre que A. Du reste, le rôle prêté à Tersin dans ce récit est une pure invention de Nostredame, car le livre vu par lui à Arles et auquel seulement il se réfère, nous le possédons encore (c'est le *Roman d'Arles*), et on n'y lit rien de pareil. Le nom même de Tersin n'y figure pas. C'est dans Nicole Gilles, écho lui-même d'anciennes traditions toulousaines, qu'il a pris ce nom, avec les circonstances purement fabuleuses ajoutées par Gilles et ses sources au fait, historiquement constaté, que Tersin (ou Chorson) reçut en effet de Charlemagne la comté de Toulouse. Et c'est sur ces données, combinées avec celles du *Roman d'Arles*, qu'il a bâti son propre roman, dont, par une supercherie d'un autre genre, il s'est plus tard avisé, dans ses *Vies des poëtes provensaux*, de faire honneur à Jaufre Rudel.

DERNIÈRE ADDITION

L'*Évangile de l'enfance* de la bibliothèque de Naples (ci-dessus, p. 10) n'est, d'après M. Paul Meyer (*Romania*, XIV, 307), qu'une copie, faite au XVIIIe siècle, du poëme contenu dans le ms. Libri n° 103 (anc. Lesdiguières), lequel, comme je l'ai remarqué moi-même (ci-dessus, p. 66), n'est pas différent de celui dont M. Bartsch a donné, d'après le ms. 1745 de la B. N., l'édition que j'ai mentionnée.

La grammaire provençale de Benedetto Varchi, dont j'ai dit un mot ci-dessus, p. 66, sous le n° XVI, n'est rien de plus qu'une traduction italienne du *Donat provençal*, suivie de celle des principales règles contenues dans les *Rasos de trobar* de Raimon Vidal. C'est ce que nous apprend M. L. Biadene dans une brève notice sur cette grammaire, insérée au t. I, pp. 400-402, des *Studj di filologia romanza* (Roma, 1885). Il n'y a donc aucune « révélation » à en attendre.

DEUX LETTRES INÉDITES (?)

DE PIERRE DE CHASTEUIL-GALLAUP

Le destinataire, non plus que la date, de l'une ni de l'autre de ces deux lettres, que je publie d'après une copie assez peu correcte [1] conservée à la bibliothèque de Nîmes [2], n'est indiqué dans cette copie. Mais il résulte d'un article du catalogue Rouard [3], cité par Beauquier (voy. la note 2 ci-dessous), que la première était adressée à « Mʳ Lebret, fils de Mʳ le premier président » (du parlement de Provence, Cardin Lebret) (1690-1710), lequel, à la mort de son père, le remplaça dans cette charge, après avoir été conseiller, puis maître des requêtes (1696) au même parlement, intendant de Pau (1701) et intendant de Provence (1710), et qui mourut à Marseille le 14 octobre 1734 [4]. Il s'était marié en 1697. C'est probablement avant cette date, et lorsqu'il n'était encore que conseiller (il le devint dès l'âge de

---

[1] J'ai corrigé, sans en avertir, les fautes d'orthographe les plus choquantes. La leçon du ms. est indiquée là où il a paru indispensable de la changer.

[2] T. VII du nᵒ 13864 de l'ancien catalogue. C'est un très-ample recueil, dont ce catalogue n'indique le contenu que de la façon la plus sommaire (*Recherches et observations sur l'histoire et la géographie*); ce qui explique que Beauquier, qui écrivait à Nîmes et dans la bibliothèque même, n'ait connu de ces lettres que le titre de la première, à lui révélé par un article du catalogue Rouard (Voy. les *Provençalistes du XVIIIᵉ siècle*, p. 29, n. 1.) C'est seulement ces jours derniers, en parcourant le catalogue, récemment publié, de M. A. Mollnier, où le recueil en question est décrit en détail, pp. 632-637, sous les numéros 212-217, que j'ai appris moi-même, en même temps que l'existence de la seconde de ces lettres, la présence de l'une et de l'autre dans le recueil dont il s'agit.

[3] Catalogue des livres composant la collection de feu M. E. Rouard, bibliothécaire de la ville d'Aix. Paris, 1879, p. 258, art. 1087.

[4] Le P. Folard, de la Compagnie de Jésus, prononça son oraison funèbre le 16 décembre 1734 dans l'église métropolitaine d'Arles. Ce morceau d'éloquence a été imprimé dans la même ville, chez Gaspard Mesnier, imprimeur du Roy et de la ville, M.D.CC.XXXIV. — Un autre oraison funèbre du même personnage, imprimée à Marseille chez Dominique Sibié, a pour auteur messire Pourrières, curé de la paroisse de S. Ferréol, à Marseille. Celle-ci, qui fut

dix-neuf ans), que la lettre de Chasteuil fut écrite. Du moins les dernières lignes du second alinéa de cette lettre autorisent-elles à le supposer. Elle est, dans tous les cas, certainement antérieure à l'année 1701, qui est celle de la publication du *Discours sur les arcs triomphaux*, ouvrage du troisième chapitre duquel (*Description du troisième arc*) elle peut être considérée comme le premier jet.

La seconde lettre fut écrite avant le 30 juillet 1712, puisque l'abbé Tallemant, qui mourut ce jour-là, y est mentionné comme vivant; et elle doit être postérieure, probablement de quelques années, à la rédaction des *Vies des troubadours*, dont il y est parlé, et qui paraît avoir été terminée vers 1705¹. On en pourrait, je pense, placer la date, sans invraisemblance, de 1706 à 1712.

Quant à la dame à laquelle elle fut adressée, je crois qu'elle n'est autre que la marquise de Simiane, Pauline de Grignan, petite-fille de Mme de Sévigné, qui mourut en 1737; et le lecteur partagera sans doute mon sentiment s'il veut bien rapprocher, comme je l'ai fait, des premières lignes de cette lettre, où il est question d'un comte, père de la correspondante de Chasteuil, qui l'avait « engagé à faire quelques desseins d'arcs de triomphe pour la réception de messieurs les ducs de Bourgogne et de Berry », le passage suivant du *Discours sur les arcs triomphaux*: «....Et ce qui me determina fut la recommandation que m'en fit M. le comte de Grignan, auquel je suis entièrement attaché²....... Je me chargeay de la chose, et peu de jours après, j'en communiquay le dessein à M^r le comte de Grignan, en présence de M^r le Chevalier son frère, de Madame la Comtesse de Grignan³, dont la beauté de l'esprit égale celle du corps...»

prononcée le 12 mai 1735, dans l'église paroissiale de S. Laurens, est en provençal. Cf. Beauquier, les *Provençalistes du XVIIIe siècle*, p. 22, n. 1, où il est en outre fait mention d'une troisième oraison funèbre, prononcée aussi à Marseille, par l'abbé Eymar, mais en français.

¹ Cf. ci-dessus, p. 69.

² Cf. à la fin de la lettre : « Et M. le Comte sera ma caution, par l'ancien attachement, etc. »

³ C'est, comme on le verra par le début de la première des lettres ici publiées, pour répondre à une demande faite à Mme de Grignan, que Pierre de Chasteuil se livra aux recherches dont il a consigné le résultat dans cette lettre et dans son *Discours*. Ce fut aussi pour permettre à Mme de Simiane de répondre à une semblable demande qu'il écrivit la seconde de ces lettres. Il n'est pas sans intérêt de voir la fille et la petite-fille de Mme de Sévigné favoriser ainsi, en servant d'intermédiaires à des savants si éloignés les uns des autres, des études auxquelles on doit supposer qu'elles ne restaient pas elles-mêmes indifférentes.

Rappelons à ce propos que l'un des chansonniers provençaux de la Biblio-

Cette seconde lettre est surtout intéressante, en ce qu'elle fournit la preuve que le « ms. de la bibliothèque du Louvre », dont Pierre de Chasteuil, dans son *Discours* comme dans la première des deux lettres que je publie, déclare qu'il avait une copie, n'était pas différent du ms. de la Bibliothèque Nationale qui porte aujourd'hui le n° 854 dans le fonds français de ce riche dépôt [1]. Il faut, par conséquent, ne pas hésiter à considérer la biographie du prétendu Pons de Merindol comme une pure invention de Pierre de Chasteuil [2], et mettre fin aux regrets que devait naturellement causer la perte d'un ms. aussi considérable que l'aurait été celui dont il s'agissait, et auquel je me serais, bien entendu, dispensé de consacrer l'article qui le concerne, dans mes *Notes sur quelques mss. provençaux perdus ou égarés* [3], si j'avais connu en temps utile la lettre dont le catalogue de M. Molinier vient de me révéler l'existence.

[P. 385] Lettre de M. de Chastueil sur les Cours d'amour.

Monsieur,

Il y a trois ou quatre ans qu'un de mes amis me pria de faire quelques recherches, au sujet de l'établissement des Cours d'amour, que nos historiens assurent avoir été érigées en divers endroits de cette province. Il me fit voir une lettre italienne tres bien conceüe, en laquelle on demandoit une instruction entière de cet établissement, et j'apris dans la suitte qu'on s'etoit adressé à madame la comtesse de Grignan, pour avoir l'éclercissement qu'on souhaitoit sur cette matiere; ce que je ne sceus toutes fois qu'après avoir remis la disserta-

---

thèque nationale, celui qui porte aujourd'hui le n° 12472 et dont le plus ancien possesseur connu fut Jean de Nostredame, appartenait, au moment de la Révolution (on ignore depuis quelle époque), à la famille de Simiane. Voy. Paul Meyer, *les Derniers Troubadours de la Provence*, p. 17.

[1] Cf. ci-dessus, p. 71, n. 2; p. 85.
[2] Cf. ci-dessus, p. 67.
[3] J'ai dit ci-dessus, p. 67, que Chastueil affirme que le ms. « ancien », dont le sien était une copie, portait la date de 1307. Est-ce là encore une supercherie de ce digne émule de Nostredame? Il se pourrait que non, et que la date en question pût se lire en effet en quelque endroit des mss. 854, 1592 ou 1749, les seuls contenant des biographies qu'il paraisse avoir connus. Cf. ci-après, p. 105, n. 1.

tion que je fis alors, en forme de lettre, dont j'eus l'honneur de vous parler il y a quelques jours, et que je vous promis de vous faire voir.

Mais comme j'ay voulu, monsieur, m'acquiter de ma promesse, je n'ay trouvé de cette dissertation que quelques fragmens, ce qui m'a extrêmement embarrassé, puisque, pour ne manquer pas à ma parole, je me vois obligé d'y travailler tout de nouveau, ce qui ne me fait pas touttefois beaucoup de peine, puisque c'est pour vous procurer un petit plaisir et pour vous dérober quelques uns de ces moments que vous donnés entiers à l'administration de la justice, dans un aage ou vous ne devriés être occupé qu'à decider des questions d'amour, et dans lequel votre mérite et vos belles qualités vous auroient pu donner la place dans le tribunal de Cytere que monsieur votre père remplit avec tant de dignité dans le parlement de cette province.

[386] Ce n'est pas assurément, monsieur, une petite difficulté de tirer de nos historiens les lumières nécessaires, pour éclaircir entierement ce que nous demandoit cet italien, qui n'en ont parlé qu'en passant; et ce que Nostradamus, Bouche, Mons' de Gaufredy, historiens de notre province, et Piton, de notre ville, en rapportent ne nous en donne pas une grande connoissance. Jean Nostradamus, auteur de la Vie des troubadours provençaux, procureur en ce parlement, en dit beaucoup plus; mais sans les secours domestiques que j'ay trouvé dans les mémoires historiques de Jean de Gallaup de Chastueil, procureur général en la cour des comptes, mon père, et dans le discours qu'il fit sur les arcs triomphaux qu'il fit dresser à l'entrée de Louis XIII en cette ville, et sans l'aide d'un ms. que Hubert de Gallaup, advocat general en ce parment, mon frere, fit transcrire sur celuy qui est dans la bibliothèque du Louvre, contenant les Vies et quelques ouvrages de nos troubadours, je n'aurois pû me tirer d'une affaire si épineuse; et c'est dans ce ms. que j'ay trouvé une preuve entière de tout ce que j'avanceray dans cette lettre, et de tout ce que nos historiens ont écrit de ces cours d'amour, et de notre poesie qui leur a donné naissance.

Les muses étoient comme ensevelies dans le tombeau du grand Théodose depuis quelques siècles, lorsqu'elles ressuscitèrent pour ainsy dire, sous les auspices glorieux de nos premiers comtes. Elles se lassèrent d'habiter les cabanes et de donner des leçons aux bergers, [387] ce qu'elles avoient fait depuis qu'elles avoient été négligées a Rome, et méprisant les langues latine et grecque, elles voulurent parler notre langue naturelle et parurent dans toute leur magnifficence dans notre cour, environ l'année 1162, qui fut du temps que l'empereur Frederic premier de ce nom inféoda la Provence a Remond Berenger, qui avoit espousé Rixende ou Richilde, reyne des Espagnes, sa niepce. Elles se maintindrent dans cet état jusqu'à la fin du regne de Jeanne Ire, reyne de Naples et de Sicile, comtesse de Provence, laquelle, à l'exemple des comtes ses predessesseurs, les avoit extrêmement cultivées. Mais comme les princes qui lui succederent n'eurent plus les mesmes agrements pour elles, ces filles altieres passèrent de France en Espagne et en Italie, et quoyque fit René le Bon, notre penultieme comte, pour les rappeler, il n'en put jamais venir à bout, tant il est difficile de faire revenir les sciences à un pays où elles ont été méprisées.

Ce fut donc sous le regne de Berenger que notre poesie brilla avec le plus d'éclat. Elle adjouta aux pieds et aux mesures que les poetes latins avoient employées l'assonnance et la rime, qui avoient été ignorées jusques alors, quoyque dans la basse latinité on se fut servy d'une espece de rime ou plus tost d'une assonance sans mesure, ainsy qu'on la trouve dans quelques inscriptions de ce temps, mais on n'y voit nulle forme de versiffication. Et comme Ptholomée avoit fait choix de sept poetes grecs, auxquels il donna le nom de Pleyade, Berenger en mit sept en sa cour, qui n'étoient pas d'un moindre mérite que les grecs, lesquels n'avoient autre advantage [388] sur les notres que d'avoir été les premiers[1]; c'étoient Arnaud Daniel, que Petrarque nomme le grand maistre d'amour; Jaufret Rudel, qui mourut de l'amour qu'il conceut pour la comtesse de Tripoly, dont il se rendit amoureux au

[1] Chasteuil ne parle pas, dans son *Discours*, de cette prétendue *pléiade*, qui est, bien entendu, de son invention. Il en a, du reste, pris l'idée dans César de Nostredame, qui lui-même ne faisait que copier son oncle. Mais l'oncle et le neveu nomment huit poëtes; et comme Chasteuil n'en voulait que sept, il en a ici supprimé un, qui est Bertrand d'Allamanon.

seul bruit de son merite, et qui traversa les mers pour la voir
à Tripoly et expira entre ses bras à son arrivée; Guilhem
Adhemar, sieur de Grignan; Guilhem d'Agoult, sieur d'Agoult;
Guilhem de S. Dedier; Elzeas de Barjols et Peire du Vernegues, sieur du Vernegues; lesquels mirent cette poesie en si
haute reputation que l'Empereur Frederic et Richard roy
d'Angleterre ne dedaignerent pas de s'y faire instruire et de
composer des ouvrages rimés en notre langue. Les Italiens,
les François et les Espagnols vindrent ensuite prendre leçon de nos troubadours pour rimer en leur langue, et les uns
et les autres advouent de bonne foy que c'est d'eux qu'ils ont
appris la rime, ce qui fait dire à monsieur Pasquier que les
Françoys ont plus tost rimé que les Italiens et les Espagnols,
puisque la Provence etant une partie du royaume, à laquelle
ils n'ont jamais contesté qu'ils ne deussent l'invention de leur
poesie, ils doivent aussy convenir que les Françoys comme
plus voisins les avoient devancés en ces sortes d'ouvrages.

Mais ce n'etoit pas tant la poesie qui avoit rendu la cour de
Berenger sy celebre, la beauté et la galanterie des dames y
avoit beaucoup aydé. Ce prince avoit quatre filles: Marguerite,
qui fut mariée à St Louis; Eleonore, a Henry roy d'Angleterre; Sance, à Richard frère de Henry, comte de Cornwal,
qui fut ensuite eleu Empereur d'Alemagne; Beatrix, heritiere
de Provence, mariée à Charles d'Anjou, frere de St Louis, qui
fut apres couronné roy de Naples et de Scicile.

[P. 389] Ces princesses, qui aymoient passionnément les
ouvrages de nos troubadours et qui par leurs beautés avoient
attiré dans cette Province les princes les mieux faits de l'Eu-
rope, leur faisoient entendre des chansons et les romans qu'ils
composoient et qu'ils chantoient eux-mêmes. Elles mirent
ainsy cette poësie a une sy grande estime qu'il n'y avoit pas
un de ces jeunes princes qui ne s'en meslat et qui ne se fit instruire des graces de cette versification, comme fit Richard
roy d'Angleterre, qui en aprit toutes les delicatesses du troubadour Blondel, ainsy qu'on le voit par ses ouvrages en notre
langue, ce qui ne luy fut pas inutile, comme le remarque monsieur Fauchet, lorsqu'il fut detenu prisonier en Alemagne.

Les dames de la cour de nos princes voulurent à leur tour
en connoistre toutes les finesses, et ce fut alors que l'illustre

Stephanete dame des Baux, fille du comte de Provence, Adalazie, vicomtesse d'Avignon, Alalete, dame d'Ongle, Hermissende, dame de Posquiere, Mabille, dame d'Yeres, Bertrande, dame d'Orgon, Rostangue, dame de Pierrefeu, Bertrande, dame de Signe, Jausserande, dame de Claustral, et la celebre comtesse de Dye, commencerent de s'exercer heurousement en cette poesie.

Je ne sçaurois aler plus avant sans remarquer que cette comtesse de Dye, qui fut ensuite une des presidentes de la cour d'amour, avoit une tres belle fille, non moins sçavante en rimes et en poesies que sa mere. Elle devint amoureuse de Guilhen d'Adhemard, gentilhomme de Provence, fils de Gaspard d'Adhemard, auquel l'empereur Frederic avoit infeodé la place de Grignan. [P. 390] Et comme il aprit que la comtesse devoit être mariee au comte d'Ambrunois, il fut si fort transporté d'amour et de jalousie qu'il en fut surpris des fièvres malignes; ce qui etant venu à la connoissance de la comtesse et de sa mere, elles furent voir ce chevalier prest à rendre l'esprit. Cette visite le fit revenir à soy et luy donna à peine le loisir de baiser la main de cette belle metresse, sur laquelle il expira; ce qui causa un sy grant regret et à la mere et à la fille qu'apres luy avoir fait dresser un superbe mausolee, elles se firent l'une et l'autre religieuses dans l'abbaye de Tarascon; rare exemple et que j'ay peine à croire, puisque nos historiens n'en sont pas d'accord, et que par les rimes de cette comtesse elle ne me paroit pas d'humeur a laisser mourir un amant de cette manière [1].

Mais, pour reprendre le fil de notre discours, les ouvrages auxquels s'exerçoient nos troubadours consistoient en chansons, en tensons et en sirventes. Vous ne serés pas faché que je vous fasse la differcnce de ces sortes de poësies, et vous concevrés d'abord cet establissement de la cour d'amour que vous souhaités de sçavoir.

Ils celebroient dans leurs chansons les amours ou les actions memorables des princes et des grands seigneurs de leur temps; leurs sirventes etoient des satires dans lesquelles ils

---

[1] Allusion évidente à la pièce *Estat ai en greu cossirier*, qui se trouve, entre autres mss., dans le n° 854.

reprimoient les vices des usurpateurs et des tirans, les entreprises et l'avarice des prélats et l'hypocrisie des gens d'Eglise ; dans leurs tensons ils agitoient des questions d'amour et les demêlés des chevaliers et des dames, dans lesquelles ils introduisoient un troubadour qui exposoit la question à un ou à deux de ses confreres ; et la premiere que j'ay veu dans ce manuscrit consiste à sçavoir quelle faveur étoit la plus grande à trois rivaux, dont l'un avoit receu une œillade favorable de sa dame, l'autre à qui cette belle avoit serré la main, [P. 391] et le troisieme à qui la dame avoit pressé le pied ; ils agitoient dans cet ouvrage les avantages de ces trois faveurs ; et j'ay veu dans une autre tenson deux troubadours disputant sy une dame qui avoit receu des presents pour accorder le don d'amoureuse mercy, pour parler en leur terme, et sy le chevalier qui avoit fait de semblables presents n'avoit pas comis un crime de simonie, d'autant que les dons d'amour sont spirituels et que, par la diffinition de la chose, ils avoient encouru la peine d'excommunication en amour ; l'autre au contraire soutenoit qu'il n'y avoit point de spiritualité en ce fait, que tout y étoit corporel et sensuel, et que, dans le mariage même, il se faisoit des dons mutuels autorisés par l'usage et par le droit ; et par ainsy il n'y avoit pas lieu de simonie [1] ; et dans une autre, où Guiraud de Bornuel parle avec le roy d'Aragon, auquel on agite s'il est meilleur pour une dame d'etre servie par un gentilhomme de sa qualité ou par un grand prince comme luy [2] ; et sur les disputes des uns et des autres, ils convenoient de remettre leurs differents a des chevaliers galants et des dames, dont ils demeuroient d'accord, et de s'en tenir au jugement qui seroit rendu en concequence ; ce qui commença à former une espece de cour, qu'on appela ensuite d'amour, qui fut tenue au commencement aux lieux de Signe et de Pierrefeu, a cause, je crois, que les dames de Pierrefeu et de Signe étoient en plus grande liberté dans leurs terres, pour y entretenir la compagnie de leurs illustres amies et des chevaliers qui assistoient avec elles à ces jugements, qu'elles commencerent de nommer *Arrests d'a-*

---

[1] Cf. ci-dessus, p. 32, n. 1.
[2] Cf. *ibid.*, n. 2.

mour[1]. Elles ne se contenterent pas seulement d'agiter semblables questions, sur lesquelles nos troubadours avoient composé leurs tensons ; elles etandirent leurs jurisdictions sur toutes les querelles [P. 392] d'amour qui arrivoient entre les chevaliers et les dames de cette province, et elles porterent la reputation de la justice de leurs jugemens sy loin que, de toutes les parties de France, d'Espagne, d'Italie et d'Angleterre, cette cour etoit consultée pour la décision de semblables demélés. C'est aussy ce qui a fait dire au compilateur des arrets d'amour, dont je parleray cy apres, en la seance qu'il donne aux chevaliers et aux dames qui le composoient :

> Le President tout de drap d'or
> Avoit robbe fourree d'ermines
> Et sur le col un camail d'or
> Tout couvert d'esmeraudes fines.
> Les seigneurs laiz pour vestement
> Avoient robbe de vermeil,
> Frangées par haut de diamans,
> Reluisans comme le soleil.
> Les autres conseillers d'Eglise
> Estoyent vestu de velours pers,
> A grand fuellage de Venise
> Bordés a l'endroit et l'envers....
> Apres y avoit les deesses
> A moult grand triomphe et honneur,

[1] Dans son *Discours* (p. 24), Chasteuil ne se contente pas, comme ici, de copier Nostredame (*Vies*, p. 26), il ajoute de son chef de nouvelles fables à celles de son maitre : « Elles commençoient de s'assembler et de prononcer les jugemens, qu'elles rendoient en notre ville (c'est-à-dire à Aix), ausquels elles donnerent le nom d'Arrests ; mais elles reservoient les questions les plus difficiles qu'elles alloient décider pendant l'automne dans les chateaux de Pierrefeu et de Signe, a cause que les Dames de Pierrefeu et de Signe, jeunes veuves de cette cour, étoient en une plus grande liberté dans leurs terres.... » Et plus loin, à propos de la tenson entre Lanfranc Cigala et Simon Doria, dont il est question ci-après (cf. Nostredame, p. 181) : « La tençon fut renvoyée au parlement d'Aix, tenant les grands jours alors à Signe ; et comme le jugement rendu par cette cour ne fut pas au gré de ces gentilshommes, ils en appelerent a celle d'Avignon, étant à Romani, qui rejugea la question. Ce qui fait voir que notre parlement d'Aix commençoit à s'amoindrir, puisque ses arrests étoient sujets à appellation ou à revision.... »

Touttes legistes et clergesses
Qui sçavoient le decret par cœur.
Touttes etoient vestues de verd,
Fourres de pennes de letisses, etc.[1]

[P. 393] Ce n'est pas qu'il demeure tout à fait d'accord que les dames pussent assister a des jugements, non pas, dit-il, parce que les femmes n'ont point de jugement et que, par ainsy, elles ne sçauroient donner ce qu'elles n'ont pas, mais à cause que par la loy elles sont privées de touttes fonctions publiques. Il convient néanmoins qu'à l'exemple de Debora, ainsy qu'il est raporté dans le Vieux Testament, livre des Juges, et même suivant l'usage receu en France, où nos reines ont souvent la régence du royaume, elles peuvent etre maintenues en jurisdiction, et surtout en cette matière; et asseurement, monsieur, que sy on s'avisoit de demander la creation de pareils offices pour le sexe, on n'auroit pas de peine de se deffaire de semblables charges. Je trouve encor dans nos vieilles chroniques[2] que sur une celebre dispute qu'il y eut entre Simon Doria et Lenfranc Sygale, pour sçavoir qui devoit etre renommé plus liberal, ou celuy qui donnoit gayement ou celuy qui donnoit malgre soy, ils envoyerent la tenson qu'ils avoient faite sur ce sujet à la cour de Signe et de Pierrefeu; et comme [ils] ne se contenterent pas de la decision des dames et des chevaliers qui la composoient, ils en appellerent à la cour de Romanin[3], en laquelle presidoient certain nombre de dames illustres du pays, entre lesquelles etoient Phanete des Gantelmes, dame de Romanin, la marquise de Malespine, la marquise de Saluces, Carette dame des

---

[1] Cf. *Discours*, p. 20, où la citation comprend dix vers de plus.

[2] Ces vieilles chroniques ne sont, bien entendu, que les *Vies* de Nostredame et les histoires de ceux qui l'ont suivi, comme son neveu César.

[3] Chasteuil qui ne fait ici que suivre Nostredame, son guide ordinaire (Cf. les *Vies*, p. 131), a jugé à propos, dans son *Discours*, p. 25, de s'en écarter. Là il confond en une seule deux des prétendues cours d'amour, à savoir celle de Romanin (Nostredame, p. 131) et celle d'Avignon (*Ibid.*, p. 217-18; cf. ci-après, p. 96, l. 8 du bas), et il ne mentionne, comme la composant, que les dames nommées par Nostredame en ce dernier endroit, lesquelles, dit-il de sa propre autorité, « passoient les hivers à Avignon, et la belle saison à Romani. »

Baux, Laurete de S¹ Laurens, Cecile Rascasse, dame de Caron, Hugone de Sabran, fille du comte de Forcalquier, Heleine dame de Montpahon, Izabele des Bourilhons, dame d'Aix, Ursine des Ursieres, dame de Montpelier, Alaette de Meolhon, dame de Curban, Elys, dame de Meyragues. Voilà, monsieur, ce que j'ay peu recueillir de nos historiens et du manuscrit, depuis l'an 1142.

Ils ne disent que fort peu de chose sur cette matiere et ne parlent de cette cour qu'en passant, qui apparemment ne cessoit plus de fleurir, non plus que nos troubadours, que la cour des Papes qui siegeoit pour lors à Avignon avoient attiré de touttes pars; et je trouve que les gens de la premiere qualité de ce royaume et les meilheures maisons de cette Province sont sorties des poetes qui vivoient en ce temps, ce que remarquent les deux Nostradamus; et [ce?] qui apparemment fit finir cette poesie, et ce parlement d'amour, c'est que lorsque Benoît XIII [**F. 394**] tenoit son siege à Avignon, la cour d'amour fut ouverte à Romani, terre qui appartenoit à Phanette de Gantelmes, tante de Laurette ou de Laure de Sado, si celebrée dans les sonnets de François Petra[r]que, et vint ensuite tenir les grands jours à Avignon. Mais avant de pousser plus loin mon discours, il ne sera pas mal à propos de vous donner le caractere de ces dames et des personnes qui tenoient cette cour.

Phanette de Gantelmes étoit la dame la plus accomplie qui eût paru jusques alors; elle n'etoit pas moins belle que sçavante; elle exceloit en poesie, et on remarquoit en elle une certaine inspiration que l'on estimoit que ce fut un feu divin; elle aprit à Laure, sa niepce, touttes les delicatesses de cet art, et a l'exemple d'Estephanette des Beaux, d'Adelasie, comtesse d'Avignon, et de la comtesse de Dye, elles avoient formé cette cour d'amour qu'elles transfererent de Romani à Avignon, où elles etoient accompagnées des dames Jeanne des Beaux, Huguette de Forcalquier, dame de Tres, Briande d'Agoult, comtesse de la Lune, Mabille de Villeneufve, dame de Vence, Beatrix d'Agoult, dame de Sault, Izoarde de Roquefeuil, dame d'Ansouis, Anne vicomtesse de Talard, Blanche de Flassans, surnommée [**P. 395**] Blanche fleur, Douce de Moustier, dame de Clemens, Antonette de Cadenet, dame de Lambesc, Magdelene de Salon, dame dud. lieu, Rixende de Puyvert, dame de Trans, et de plusieurs autres dames que la cour romaine avoit attirées à Avignon, où elles decidoient touttes les questions d'amour; en sorte que la plus part des poetes de ce temps remplirent leurs ouvrages de leur merite, et lorsque les comtes de Vintimille et de Tende furent visiter le pape Innocent VIe du nom, ils furent ouyr les diffinitions de ces illustres dames et ils resterent autant surpris de leurs beautés que de leur sçavoir.

Mais cette cour fut dispersée par une peste qui survint alors, et qui dura trois années, de laquelle moururent la plus part de ces illustres dames, peste que l'on attribua à une punition divine, pour les malversations, usures et simonies que pratiquoient les ministres de la cour romaine, desquels le Monge des Isles d'Or dit que ces dames etoient les *druts*, mot qui en cette langue vouloit autant dire que concubines. Cette cour avoit attiré à Avignon, comme je l'ay observé, quantité de poetes provenceaux et, entre autres, Marchebruse, gentilhomme de Poitou, dont la mere etoit issue de l'illustre maison des Chabots, dame qui composoit des poésies provençales aussy bien qu'aucun troubadour qui florit alors. Elle tenoit cour d'amour ouverte, et apparemment elle n'étoit pas des amies de Laure, puisqu'on croit que Petra[r]que fit contr' elle tous les sonnets qu'on croyoit qu'il eut fait contre Rome, l'ayant nommée *l'avara Babilonia, Malvagia, Nido di tradimento, Fontana di dolore;* et un de nos troubadours l'appelle dans ses écrits la Paillarde d'amour. Ainsi finit cette cour, et notre poesie ne dura pas longtemps dans la vigueur ou elle avoit paru, tant à cause que les princes qui vindrent apres, comme j'ay remarqué, [**P. 396**] n'eurent plus soin de la maintenir, etant occupés aux guerres qu'ils étoient obligés de soutenir à Naples et en Sicile, où ils eslirent leur sejour, que parce que Philipe le Long qui aymoit extremement la poesie provencale, etant encore comte de Poitou, amena en France quantité de troubadours, lesquels il avoit honoré des premieres charges de sa maison, entre lesquels etoient Pierre Milon, Bernard de Marchis, Pierre de Valieres, Ozil de Cadars de Caderousse, Louis Emeric de Rochefort, Pierre Hugon, sieur [de] Dampierre, Giraudon le Roux, Emeric de Sarlat, Guilheaume des Amalrics, Guilhem Bouchard, Pistoleta, qui furent empoisonnés à Paris avec des eaux des lepreux par la malice des Juifs, environ 1323; et qu'enfin le pape Gregoire XI, ayant restably le St Siége à Rome, les esprits les plus délicats de cette province suivirent la cour romaine en 1370.

Martial d'Auvergne, dit Martial de Paris, procureur au parlement de Paris, qui ecrivoit en l'année 1480 et celuy qui a fait la compilation de 51 arrests rendus par la cour d'amour, agite presque touttes les questions qui peuvent tomber sur cette matière. On avoit creu que ce n'etoit là qu'un jeu d'esprit; mais je ne doute pas qu'il n'eut pris la plus part de ces arrests dans les œuvres de nos troubadours, dont une partie etoient de son pays, et surtout l'illustre Guiraud de Bournueil, limosin, appelé le Mestre des troubadours, qui ecrivoit un siecle avant luy [1], et dans un temps ou la poesie n'etoit pas tout à fait estainte. Le savant Benedictus Cvrtius Simphorianus trouva ces arrets sy fort de son goust qu'il fit quelque temps apres un commentaire pour en soustenir la jurisprudence. Il l'appuye par l'autorité des peres de l'Eglise grecs et latins, par le texte de la loy, par la glosse et par le tesmoignage des poëtes les plus galants. [et ce fut quelque temps après que, pour mieux établir cette jurisprudence, Coquillart, chanoine et official de Reims, fit les Droits nouveaux d'Amour, et que l'heureux [2]] rival de Cujas [3] a fait [P. 397] au mesme sujet un traité qu'il appelle *Cupido jurisperitus* ..... [4] ne fussent levés au nom de ce dieu, puisque nous voyons par iceux qu'il y avoit parquet, greffe et chancelerie, ce qui a donné lieu aux italiens d'établir une cour de Parnasse, dont les arrests étoient levés et les mandemens faits au nom d'Apollon.

Le roy René, qui mourut en ce mesme temps et qui aymoit extremement la poesie, la peinture et les beaux arts, fit tout ce qu'il put pour restablir cette cour d'amour et faire reflorir la poésie provençale ; et pour cet effect il composa luy mesme

---

[1] Cf. ci-dessus, pp. 32-33.

[2] J'emprunte au *Discours* (p. 28) ce qui est ici entre crochets, pour combler une lacune de la copie de Nimes.

[3] Forcadel (note du *Discours*).

[4] Nouvelle lacune. Suppléer et *je ne doute pas que les arrests?* Cf. *Discours*, p. 30. Là notre auteur est moins affirmatif.

les misteres qu'on recitoit à la feste de Dieu, des rondeaux, des sirventes, des satires et des comedies, pour exciter a son exemple les gens de sa cour a faire revenir la galanterie et la science en cette province ; et pour cet effet, il crea un prince d'amour auquel il donnoit pouvoir de connoître pendant un an de ces matieres, et il luy establit un droit, pour l'entretien de ses officiers, sur les mariages des étrangers et en secondes nopces, que nous appelons vulguerement pelottes. Ce fut environ ce temps aussy qu'à l'imitation des poetes qui s'assambloient, a certain temps dessinés, pour avoir les couronnes que meritoient leurs ouvrages, qu'on vit établir au Puy, en Normandie, a Toulouse et en divers endroits du royaume, les jeus floreaux, où celuy qui remportoit le premier le prix etoit declaré roy ou prince ; et pendant toutte l'année de sa principauté il avoit inspection sur la poesie et donnoit le mot pour le prix de l'année qui suivoit ; ce qui fit appeler cette sorte de poesie chant royal, comme le vers sous lequel tout l'ouvrage rouloit ayant ete donné par leur roy ; et c'est ce qui faisoit aussy que toujours a la fin du chant royal ou de la balade, on s'adressoit au prince, en employant toujours le mesme refrain pour s'atirer sa faveur.

[**P. 398**] Mais comme le reigne de Charles, qui luy succeda, ne dura que dix huit mois, et que cette province passa d'abord entre les mains de Louis XI et fut heureusement réunie à la couronne de France, elle suivit la loy des princes soubs lesquels elle estoit tombee ; et cette langue, aussy bien que la poesie que les etrangers venoient apprendre de touttes part avec tant de plaisir, cette langue, dis-je, que nos troubadours employoient avec tant de succès en tant de sorte d'ouvrages, est sy fort descheue qu'ayant ceddé a la langue dominante tous ses agrements et touttes ses beautés, elle a resté le jouet de la populasse qui n'a plus presque conservé que ses sirventés, qui sont les farces ou les satires que employoient autrefois nos troubadours.

Je ne vous ay pas dit, monsieur, que nos anciens poëtes avoient encore trouvé une certaine poésie qu'ils appeloient *sons*, qui repondoient a nos sonnets, et les martingales ou madrigales, qui étoient les madrigaux, que nos françois ont ensuite employé, et les madrigales des italiens, ny pourquoy on appeloit les poetes troubadours. Petra[r]que[1] a dit qu'ils avoient été appellés troubadours comme *trompatori*, qui veut dire sonneurs de trompete; mais il se trompoit luy mesme, puisque le mot de troubadours vient du verbo *troubar*, qui veut dire trouver ou inventer, ce qui convient extrêmement a la poesie, dont l'invention est la plus belle partie. On les appelloit quelquefois aussy *juglar*, *viular*, *comics*, ainsy que les premiers poëtes francois etoient appellés *jougleors*, *jongleurs*, *trouvaires*, [**P. 399**] *violeurs* et *chantaires*, comme l'ont remarqué Fauchet et Pasquier, qui ont pris le soin de faire des recherches sur les antiquités gauloises, ainsy que Jean le Maire, Dutillet et Borel. Si nous eussions eu des esprits curieux qui eussent defriché cette matiere, j'aurois peu vous apprendre si ceux qui y etoient receus en ce parlement avoient provision d'amour ou du prince, s'ils avoient des gages et de franc sallé, s'ils prenoient des espices pour les jugements qu'ils rendoient, et si les offices etoient venaux et en finence, en quel temps ils rendoient la justice, s'ils estoient divisés par chambres, comme le sont les autres parlemens aujourd'huy[2]; mais comme je n'ay rien veu dans nos archifs qui en fasse foy, je m'en raporteray uniquement au temoignage du mesme Martial, qui en parle de cette sorte:

> Environ la fin de septembre
> Que faillent violetes et flours,
> Je me trouvay a la grand chambre
> Du noble parlement d'amours.

Du reste, Monsieur, vous verrés que cette cour n'etoit pas tout a fait inutile, puisqu'elle empechoit que les dames ga-

---

[1] Chasteuil confond ici avec Pétrarque son commentateur Velutello, erreur que Nostredame, à qui ce passage est emprunté, n'avait pas faite.

[2] Une autre question que Chasteuil laisse ici de côté, celle du costume. M. Antony Meray, dans un livre, d'ailleurs fort agréable, dont les Cours d'amour, qu'il a le seul tort de prendre au sérieux, font le sujet, ne craint pas de se la poser: « Les juges de ces élégants tribunaux portaient-ils un costume spécial, dans l'exercice de leurs fonctions? Les dames, devant qui se faisaient les plaids d'amour, siégeaient-elles en manteaux longs ou en pelissons fourrés? On ne trouve nulle part ce pittoresque renseignement. » (*La Vie au temps des Cours d'amour*, p. 185.)

lantes de ce temps n'attribuassent à l'amour les erreurs dans lesquelles elles pouvoient tomber, semblables à ces femmes illustres dont parle Ausone et qui ayant trouvé un jour Cupidon égaré aux champs Elisées, le condamnerent a être mis en croix, [**P. 400**] mais reconnaissant l'injustice de leur jugement, que ce petit Dieu n'avoit pas tout le tort, elles commuerent cette peine, dès qu'elles eurent ouy parler Venus, et se contentèrent de luy donner le fouet avec des roses. Ce n'étoit pas, dit ce poete, les femmes de notre temps qui pechent volontairement et qui n'ont pas besoin d'excuses, c'étoient ces heroïnes des premiers siecles, qui vouloient couvrir leurs faiblesses et les imputoient à l'amour.

C'est tout ce que j'ay peu tirer, monsieur, de l'etude de deux procureurs, l'un au parlement de Paris, l'autre au parlement de cette ville. Le recueil que le premier a fait des arrets d'amour avoit été inconnu au dernier, qui avoit fait ce qu'il avoit pu pour voir les ouvrages de son collegue, et quoyque ce livre ne fut pas fort rare, il n'etoit pourtant jamais tombé en ses mains. Il avoit recueilly ce qu'il nous en apprend des memoires d'un religieux de S. Honoré de Lerins, surnommé le Monge des Illes d'Or et de quelques autres moines de la mesme maison, d'un autre religieux de Montmajour, surnommé le *Flagel des troubadours*, et que mon manuscrit, où sont contenus ses ouvrages, appelle Monge de Montaudon[1], d'un Monge du mesme couvent, qu'il nomme St Sezaire, que je crois être Nuc de St Sire[2], auteur des vies et des œuvres des troubadours contenues au manuscrit dont je vous ay parlé.

Vous aurés observé dans cette lettre que les troubadours dont je vous ay entretenu etoient des personnes d'une distinction extraordinaire, [**P. 401**] et que jamais poësie vulgaire

---

[1] Nouvelle preuve que Chasteuil avait reconnu l'identité du prétendu Moine de Montmajour et du Moine de Montaudon. Cf. ci-dessus, p. 84, n. 2.

[2] Tiraboschi, environ soixante-dix ans plus tard, n'hésitait pas à identifier ces deux personnages ; ce qu'a fait de nouveau M. Bartsch dans son intéressant mémoire sur les *Sources de Nostredame*, où il a démontré ingénieusement que *Cesari*, chez ce dernier, n'est autre chose qu'un anagramme de *Caersi*, nom de la patrie d'Hugue de S. Circ. Voy. le *Jahrbuch für rom. und engl. Literatur*, t. XIII, p. 48.

ne pourra conter comme la notre au nombre de ses nourrissons deux empereurs, un roy de France[1], un roy d'Angleterre, deux roys d'Aragon, des comtes de Poitou, de Toulouse, et de Provence, et tant d'autres personnes de maison illustre. Nous voyons des seigneurs d'Agoult, de Castellanne, d'Adhemar, de Blaccas, de Boniface, de Lascaris, de Doria, de Grimaldy et de Puget; les comtesses des Beaux, de Dye, les dames de Gantelmes, de Sade, et tant d'autres excellantes personnes dont j'ay parlé, qui ont fait florir et notre cour d'amour et notre poesie, et dont la cessation de la premiere a esté la cause de la fin de l'autre. En voila, Monsieur, assés pour cette fois, et vous voulés bien qu'en finissant cette lettre je renouvelle les protestations de l'estime et du respect avec lequel je suis.....

[P. 409] Lettre de M. de Chastueil sur les Troubadours

MADAME,

A mon retour de Barventane, où j'estois allé faire ma recolte, jai trouvé la lettre que vous m'avés fait l'honneur de m'ecrire le 22 juillet dernier; et pour vous esclaircir de ce que on vous demande, je vous dirai que monsieur le Comte vostre pere, m'ayant engagé de faire quelques desseins d'arcs de triomphe, pour la reception de messieurs les ducs de Bourgogne et de Berry, je fis dresser une représentation, au troisieme de mes arcs, de la cour d'amour, si renommée par nos anciens troubadours, l'explication desquels je fis imprimer quelque temps apres, ce qui fut assez favorablement reçû. Je donnai quelques vies de nos premiers maistre[s]. La ville d'Aix, qui fit la depense de cette impression, en envoya cent exemplaires a la cour, pour estre distribués à messieurs les

---

[1] Il veut dire apparemment Philippe le Long, en qui Nostredame, qu'il suit aveuglément, avait de sa propre autorité transformé le comte de Poitiers Guillaume VII.

princes; et j'en fis passer cinquante sur mon compte, pour être distribués aux amis qu'un séjour de sept ans m'avoit fait à Paris, et entre autres a Mr de Tuleman, de Lafontaine, de Villermon, de Vittry, qui m'écrivirent qu'ils avoint reçu cet ouvrage avec beaucoup de plaisir, et qu'aiant donné du goût pour cette maniere de versification, ils me solliciterent pour donner la vie de tous les poetes qui florissoient au onzieme, douzieme, treizieme et quatorzieme siecle. Jean Nostradamus et Cesar Nostradamus en avoint donné un abregé à la fin du quinzieme et au commencement du seizieme siecles[1]. Ce que je leur promis de faire, ce a quoi je trouvai quelque facilité par le secours d'un Ms[2], que j'avois tenu[3] quelque temps à Paris, que j'avois eu de[4] la bibliothèque royale par le moyen de Mr Calcavi[5], et dont j'avois fait[6] transcrire ou ecrit moy-meme ce que j'y trouvois de plus curieux ; et je trouvai que ces manuscrits étoient bien plus amples que ceux dont s'estoint servis les deux Nostradamus qui n'ont écrit que les vies de soixante et quatorze poetes, au lieu que dans les manuscrits qui sont dans la bibliotheque royale ils y ont[7] trouvé trente six vies de plus que dans ceux dont les Nostradamus s'estoient servis[8] ; et voici de la maniere qu'ils sont. Il y en a

[1] Inutile, sans doute, d'avertir qu'il faut corriger *seizieme et..... dix septième s*.

[2] Le ms. porte *Mr.*, ce qui est évidemment une mauvaise lecture de *Ms*. Il faudrait même probablement *de Mss.*, au pluriel. Cf. ce qui suit, quatre lignes plus bas.

[3] A *tenu*, écrit d'abord, une autre main a substitué *connu*, apparemment à cause du changement, opéré par le copiste, de *Ms.*, qui précède, en *Mr*.

[4] A ces mots écrits d'abord et que je rétablis, une autre main, la même que tout à l'heure, a substitué *veu a*. Nouvelle conséquence de la substitution erronée de *Mr*. à *Ms*.

[5] Lis. *Carcavy* (Pierre de), qui remplit les fonctions de garde de la Bibl. du Roi depuis 1663 jusqu'à la mort de Colbert (1683). Voy. Léopold Delisle, le *Cabinet des mss.*, I, 264, 293. C'est donc au plus tard à cette dernière date que remontent les premières études de Pierre de Chasteuil sur les troubadours.

[6] A ces derniers mots, *et dont j'avois fait*, que je rétablis, ont été substitués, de la main du même correcteur, *je fis*.

[7] Corr. *auroient*.

[8] 74 et 36 font 110. Or aucun ms. ne contient 110 biographies. Le ms. 854 n'en a que 85, abstraction faite de la *razo* d'une pièce de Bertran de Born

trois exemplaires écrits sur le velin¹; ils commencent par les tensons des troubadours², qui sont de disputes sur quelques questions amoureuses, entre deux ou trois poetes qui se choisissent des juges pour decider de l'exemplaire, qui consistoient [**P. 410**] quelques fois en des contestations plus sérieuses, mais qui tendoient toujours sur quelque matière de galanterie; lesquelles contestations etoient renvoyées a la decision des principales personnes de l'un et de l'autre sexe de la cour de nos souverains, ce qui donna insensiblement naissance aux parlements d'amour, qui s'etablirent à Signe, à Pierrefeu et enfin à Romanil; ce que j'ai expliqué plus au long dans l'explication que je fis de ces arcs et que Monseigneur d'Avranches³ pourra voir entre les mains de M. l'abbé Taleman, que je sçay etre de ses amis, ce qui pourra l'instruire entierement de la maniere dont je me suis pris pour ecrire l'histoire de nos anciens troubadours. Comme c'estoit cet abbé qui etoit l'un de ceux qui [m']avoient le plus pressé d'ecrire les vies, dès que je les eus achevées, je les envoyai a M. de Lieutaud⁴, mon parent, qui etoit alors à Paris, et à M. Lauthier, advocat au conseil, qui m'ecrivirent l'un et l'autre que l'ouvrage etoit tres curieux et assés bien ecrit; et sur la difficulté que firent alors les imprimeurs sur la grosseur de l'ouvrage, sur la difficulté d'imprimer les poesies provensales qui servoient de preuve de ce que je disois de leur vie⁵, ce qui en même temps expliquoit le caractere des poetes dont je parlois, les mœurs et le ceremonial de ces siècles, pendant lesquels l'ignorance triomphoit pour le dire ainsi, on renvoya l'impression de cet ouvrage en un temps de paix. Ce M. de

le fils, qui y est confondue avec celles de son père. Il est probable que Chasteuil a exclu de son calcul les troubadours qui n'ont pas de biographies dans le ms. 854. Ceux-là déduits des 74 cités, il en reste 49, qui joints à 36, font bien 85.

¹ Sans doute les n⁰ˢ actuels 854, 1592, 1749 de la Bibl. Nat.

² Non. Les tensons, dans tous les mss. connus, ne viennent qu'en deuxième ou en troisième lieu.

³ Ms. *Doranges*. La correction s'impose, puisqu'il s'agit de Huet, comme on le verra plus loin.

⁴ S'agit-il de Jacques Lieutaud, d'Arles, qui fut membre de l'Académie des sciences et mourut en 1733?

⁵ Cf. ci-dessus, p. 70, notes 2, 3, 4.

Lieutaud, qui s'en etoit chargé, se le fit remettre et me le
raporta peu de temps apres. A peine l'avois-je receu que
M. Lauthier m'ecrivit que Mʳ Fouquaut [1], intendant de Caen
vouloit faire l'impression de cet ouvrage et faire graver les estampes de chaque poëte, que je n'avois qu'à lui marquer où
l'on pouroit en trouver les portraits, tels que je les depeignois
au commencement de leur vie [2]. Je lui repondis que la chose
estoit assés aisée, puisque dans les mmss. que j'avois pris dans
la Bibliothèque du Roy, ils y etoient peinds a miniature, qu'il
y avoit trois de ces manuscrits écrits sur le velin, que le duc
qui avoit eu celui qui étoit le mieux conditionné avoit coupé
avec des cizeaux les portraits de nos trouvaires [3], et que les
autres deux etoient en très bonne main [4]. Au reste, Madame, je
puis vous assurer qu'ils sont tres difficiles a trouver [5] et plus
difficile[s] a expliquer, et qu'il faut un long usage pour en venir a bout. Premierement le caractere est assés difficile, et en
second lieu les vers ne sont point séparés. Il m'auroit eté plus
aisé d'expliquer le caldéen et le syriaque que notre ancienne
langue, et je n'en serois pas assurément venu à bout sans le
secours des dictionnaires de Du Cange et de Borel. Ces manuscrits ont été portés au Louvre et ont été tirés des abayies du
Toronet ou de S. Victor et des archives des comtes de Sault [6].

[1] Nicolas-Joseph Foucault, mort en 1721, à qui l'on doit la conservation des *Origines de la langue française* de Caseneuve.

[2] Voilà qui achève de confirmer l'attribution que j'ai cru pouvoir faire à Pierre de Chasteuil des notices qui font l'objet de l'appendice I à mes *Notes sur quelques mss. prov. perdus* (ci-dessus, pp. 69-75). On a vu, en effet, qu'en tête de ces notices sont décrites les miniatures qui précèdent, dans le ms. 854, les poésies des troubadours qu'elles concernent.

[3] C'est le nᵒ 1749 de la B. N., mutilé en effet, comme il est dit ici. Ce ms. avait appartenu à Peiresc. Le duc dont il s'agit est peut-être le duc de Mazarin. Cf. L. Delisle, le *Cabinet des mss.*, I, 444.

[4] Les deux autres, en effet, ne présentent aucune mutilation pareille; mais le nᵒ 1592 a perdu, j'ignore depuis combien de temps, vingt et une tensons, qui en formaient la dernière partie, comme il résulte de la table de ce ms. Du reste, ces deux mss. ne renferment aucune biographie qui ne soit pas dans le nᵒ 854; on trouve seulement dans le nᵒ 1749 un assez grand nombre de *razos* qui manquent dans ce dernier.

[5] Mauvaise lecture évidemment; on s'attendrait à quelque chose comme *lire* ou *déchiffrer*.

[6] Ce n'est là, bien entendu, qu'une hypothèse toute gratuite de Chasteuil, à lui suggérée par Nostredame.

J'en sçai encore deux autres, l'un qui est a la bibliothèque [**P. 411**] de feu M. Colbert[1] et l'autre qui est à la bibliothèque de Milan[2]. Le premier fut donné a ce ministre par un président au parlement de Toulouse et l'autre a été tiré de l'abayie de Saint Honorat ; en sorte que je n'en sache aucun qui nous reste en cette province[3] ; et si feu mon frere aisné, advocat general en ce parlement, n'avions[4] pris le soin de les faire transcrire sur ceux qui sont entre les mains du roy[5], nous n'en trouverions plus dans cette province[6]. En voilà assez, Madame, pour satisfaire la curiosité du celebre M. Huet, et vous pouvés vous engager auprès de luy en tout ce que vous trouverés a propos, assurée que vous devez etre, et M. le Comte sera ma caution, par l'ancien attachement que tous ceux de ma famille ont toujours eu pour son illustre maison, et par le dévouement par lequel je suis pour tout ce qui le regarde ; et quand à ma poesie[7], je sçay bien que vous excellés, quand vous voulés prendre la peine d'écrire en ce genre, et que quoi que

---

[1] Ce doit être le n° actuel 856 de la B. N., qui a appartenu à Catel, ensuite à Puymisson. Catel l'avait offert en don à Peiresc, qui, par discrétion, le refusa, comme il résulte d'une lettre de ce dernier, qu'on pourra lire, je l'espère, avant peu, dans l'édition des lettres de l'illustre savant, préparée avec tant de soin par M. Tamizey de Larroque.

[2] Sans doute celui qui porte la cote R 71 sup. à la Bibliothèque ambrosienne, et dont on peut voir la description au t. XXXII, pp. 389 et suivantes, de l'*Archiv* de Herrig. L'origine prétendue de ce ms. (abbaye de S. Honorat) est encore une pure invention de notre auteur.

[3] Pierre de Chasteuil ne connaissait donc pas le n° actuel 12472 de la B. N., qui devait pourtant se trouver alors en Provence, peut-être déjà dans la famille de Simiane, et dont son père avait dû faire usage, si même il n'en avait pas été quelque temps le possesseur. Cf. ci-dessus, p. 82.

[4] Corr. *n'avoit*, ou suppl. *et moi* devant *n'avions* ?

[5] Voilà qui achève de prouver que le ms. d'Hubert de Chasteuil n'était pas la copie d'un ms. aujourd'hui perdu du Louvre, mais un extrait des trois mss. plus haut identifiés, et principalement du n° 854. Cf. ci-dessus, p. 71, n. 2 ; p. 79, n. 4, et voy. la *note supplémentaire* qui termine le présent article.

[6] Outre le n° 12472, mentionné tout à l'heure, deux autres chansonniers provençaux devaient pourtant s'y trouver encore : je veux parler de notre n° actuel B. N. 15211, que Nostredame avait eu entre les mains (cf. *Revue*, t. XXV, p.104) et qui appartint plus tard à Caumont, et du chansonnier d'Oxford, dont Mazaugues, à qui il venait de Peiresc, était alors le possesseur.

[7] Corr. *la poesie* ?

votre prose soit tout a fait excellente, vous parlés encore plus noblement le langage des dieux [1].

NOTE SUPPLÉMENTAIRE

Un extrait du ms. de Chasteuil-Gallaup, contenant seulement les Vies des troubadours, se trouve dans un autre ms. de la bibliothèque de Nimes, n° 13876 de l'ancien catalogue, 171 de celui de M. Molinier. Cet extrait a pour titre : *Vies des troubadours tirées des mss. de la Bibliothèque du Roy*. En marge on lit : « Extrait d'une copie faite par Hubert de Gallaust sieur de Chasteuil sur un ms. de la Bibl. du Roy. » Immédiatement après le titre vient une note, qui est peut-être du président de Mazaugues, et dont voici les dernières lignes : « .... Le ms. du Vatican 3204 [aujourd'hui B. N. n° 12473] est absolument le même que celui du Roy [alors 8225, auj. 854], duquel les vies ont été extraites, ce que j'ai reconnu en les conférant avec ce que Crescimbeni rapporte de ce ms. » Suivent les biographies, au nombre de 82. Chacune d'elles est accompagnée de notes, où l'on relève surtout les différences de ces biographies aux *Vies* de Nostradamus. Ce recueil comprend 21 folios non paginés, non plus qu'aucun autre du même volume. Il ne contient que les biographies proprement dites, sans les *razos*. Par conséquent, ce qui concerne Bertran de Born le fils, le Dauphin d'Auvergne et le roi Richard, y manque. On y remarque en outre l'absence de la biographie d'Elias Cairel et de celle d'Albert « marques. » Enfin l'ordre des biographies, tel qu'on l'observe dans le n° 854, n'est pas ici exactement suivi jusqu'au bout. Voici l'indication des déplacements opérés :

Nos 34. Lo Sordels, après en Blacasset.
  37. Peire de Barjac, après Peire Guillens.
  46. Albertet Cailla, après N'Aymeric de Sarlat.
  48. Folquet de Romans, après Na Castelosa.
  50. Ogiers, après Aymeric de Belenoi.
  55. Peire de Busignac, après Cercamons.
  57. Tomiers en Palasis, après Albertet.
  74. Raimond de Durfort en Turc Malec, après Guillens Rainols d'At.
  76. Garins d'Apchier, et 77. Guillems de Berguedan, après N'Ucs de la Bacalaria.

[1] On sait que Mme de Simiane, à qui je crois que cette lettre fut adressée, écrivait agréablement en vers comme en prose.

Ces dernières biographies, sauf celle de Sordel, qui, dans le ms. 854, suit celle d'Aymeric de Sarlat, se trouvent, dans ce même ms., après celle de Bertran de Born, qui est la dernière dans la copie de Nimes, parmi les sirventes, dans l'ordre suivant :

> Raimond de Durfort et Turc Malec,
> Albertet Cailla,
> Folquet de Romans,
> Ogier,
> Peire de Barjac,
> Peire de Bussignac,
> Tomiers en Palasis,
> Garins d'Apchier,
> Guillem de Berguedan.

Ce ne sera pas trop m'écarter de mon sujet de dire quelques mots, à cette occasion, d'un autre recueil ms. de la même bibliothèque, déjà signalé, comme le précédent, par le regretté J. Bauquier dans ses *Provençalistes* du XVIII° siècle, p. 50, n. 4, et qui contient également un extrait d'un chansonnier provençal. C'est le n° 13878 de l'ancien catalogue (n° 230 de celui de M. Molinier). Il comprend trente-six parties, dont la première (f°s 1-73), qui est dépourvue de titre, doit être une copie du « Recueil des noms propres contenus dans les mss. des troubadours [1] », qui se trouve à la bibliothèque de l'Arsenal, parmi les mss. de Sainte-Palaye [2], dont il forme l'*index onomasticus*. Le chansonnier provençal dont je parlais tout à l'heure et dont ce recueil contient un extrait, qui en forme l'avant-dernière partie (n° 35), est le ms. 410 de la bibl. Saibante à Vérone, aujourd'hui perdu ou égaré. Ce ms. n'était, paraît-il, qu'une copie ancienne du ms. 5232 du Vatican (A de M. Bartsch). L'extrait de Nimes se compose de 17 folios d'une même écriture, entre les deux derniers desquels on a intercalé quatre pages d'un format moindre et d'une autre écriture, qui contiennent une description sommaire du ms. Saibante, c'est-à-dire la table des noms des auteurs de chansons, puis des tensons, puis des auteurs de sirventes, tout cela conforme à la table de A, telle qu'on peut la lire dans l'*Archiv*, t. XXXIV, p. 142, sauf que Peire de la Mula y est noté comme n'ayant pas de biographie, et qu'il en a une dans A. A la quatrième page, on a transcrit la vie de Folquet de Marseille. Voici le début de ces quatre pages : « Dans la bibliothèque de M' Saibante,

---

[1] M. Molinier s'est mépris en la désignant comme une « liste des troubadours. »

[2] Cf. ci-dessus, p. 67, n. 3.

à Verone, il y a un ms. coté n° 410, qui contient les vies et les ouvrages de plusieurs poëtes provençaux. Ce ms. avoit appartenu auparavant au docteur Jacques Grandi de Modène, et peut-être étoit-il le même qui avoit été d'Alexandre Tassoni, qui en fait si souvent usage dans ses remarques sur Pétrarque, dans ses annotations sur le vocabulaire. Il est bien conservé et paraît être écrit dans le XV° siècle. Il est un petit in-4°. Il contient... »

Quant aux fol. 1-17 (les deux folios intercalés mis de côté), ils contiennent : 1° de 1 à 15 r°, toutes les biographies qui sont dans A, et dans le même ordre, sauf celle de Folquet de Marseille, laissée à dessein, parce qu'elle se trouve dans le deuxième folio intercalé, et celle de Peire de la Mula, qui, on vient de le voir, manquait dans le ms. Saibante; de 15 v° à 17 r°, la table des pièces du ms. Saibante. Cette table n'a pas été terminée. La deuxième colonne du f° 17 r° n'est pas remplie jusqu'au bout ; il reste la place de six lignes, et tout le verso est en blanc. On s'est arrêté à la seconde chanson de Bernart de Ventadour, *Lonc tems vau e velhg e vire*. La comparaison que j'ai faite de ce fragment de table avec la partie correspondante de la table de A m'a fait remarquer les différences ci-après, qui proviennent peut-être d'omissions, soit du copiste de Nîmes, soit de celui de l'*Archiv*.

1. Peire d'Alvergne. *Abans queil blanc puoi sion vert*, qui est dans A, manque dans *s* (je désigne ainsi l'extrait de Nîmes).

2. Marcabru. *D'aisso lau Deu*, qui est dans *s*, manque dans A.

3. Elias Cairel. *Totz mos cors e mos sens*, qui est dans A, manque dans *s*.

4. Gaucelm Faidit. *Anc nom parti de solatz ni de chan*, qui est dans A, manque dans *s*.

TABLE DES MATIÈRES

	Pages.
SUR QUELQUES MANUSCRITS PROVENÇAUX PERDUS OU ÉGARÉS....	5
I. Chansonnier Perussis....................	5
II. Manuscrits provençaux de la bibliothèque du marquis de Cambis-Velleron...............	6
III. Chansonnier et autres mss. provençaux du connétable de Lesdiguières..................	7
IV. Manuscrit de Dominicy...................	9
V. L'Évangile de l'Enfance...................	10
VI. Chronique d'Arles.......................	10
VII. Vie de sainte Magdeleine.................	11
VIII. Vie de saint Sacerdos....................	11
IX. Vie de Jésus-Christ par saint Israel.........	13
X. Vie de saint Castor.....................	14
XI. Vie et Miracles de sainte Rossoline.........	16
XII. Autres vies de saints....................	16
XIII. Manuscrit de l'auteur de la *Leandreide*......	18
XIV. Manuscrits de Mario Equicola.............	19
XV. Manuscrit de Velutello...................	21
XVI. Manuscrit de Benedetto Varchi............	22
XVII. Manuscrits provençaux de Fr. Redi.........	23
XVIII. Chansonnier du comte de Sault............	30
XIX. Chansonnier de Chasteuil-Gallaup..........	30
XX. Manuscrits de Mlle Lheridier de Villadon......	36
XXI. Manuscrits utilisés par Achard.............	38
XXII. Poëme composé par Albusson de Gourdon....	41
XXIII. Poëme sur la prise d'Almérie..............	42
XXIV. La Canso de san Gili....................	43
XXV. Manuscrits de Philomena................	46
XXVI. Poëme sur la croisade albigeoise et autres livres concernant les Albigeois et les Vaudois.	48
XXVII. Livres des Béguins......................	51
XXVIII. Traité d'alchimie en vers.................	51
XXIX. Chronique de Garoscus de Ulmoisca Veteri....	53

XXX. Chronique provençale anonyme du XVe siècle...	54
XXXI. Chronique languedocienne anonyme du XVe siècle........................	45
XXXII. De l'Estat del Hostal de Foix et de Bearn, par Arnaud de Labat......................	55
XXXIII. Roman de Gerard de Nevers...............	56
XXXIV. Roman de Paris et Vienne................	58
XXXV. Autres versions provençales de divers romans français..................................	60
XXXVI. Sirventés de Giraud de Cavaillon............	62
XXXVII. Poésies de Bernard Rascas et autres textes avignonnais.................................	63
XXXVIII. Divers mss. provençaux de l'ancienne bibl. du Louvre et de celle du duc de Berry.........	63
Additions et corrections...........................	65
Appendice. — Sur les travaux de Pierre de Chasteuil-Gallaup, du président de Mazaugues et de Jean de Chasteuil-Gallaup concernant la littérature provençale.............	69
Dernière addition................................	85
DEUX LETTRES INÉDITES DE PIERRE DE CHASTEUIL-GALLAUP..	87

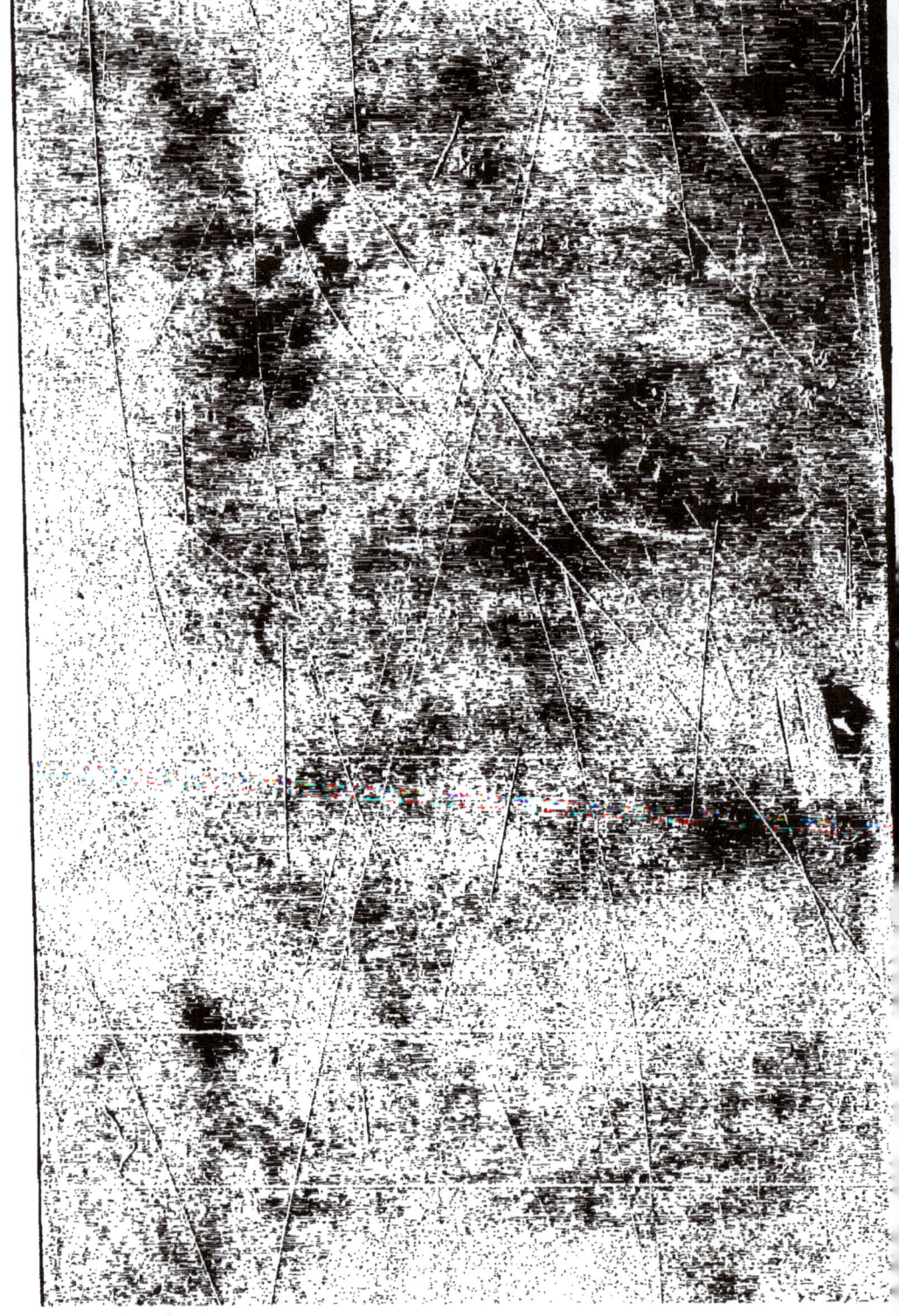

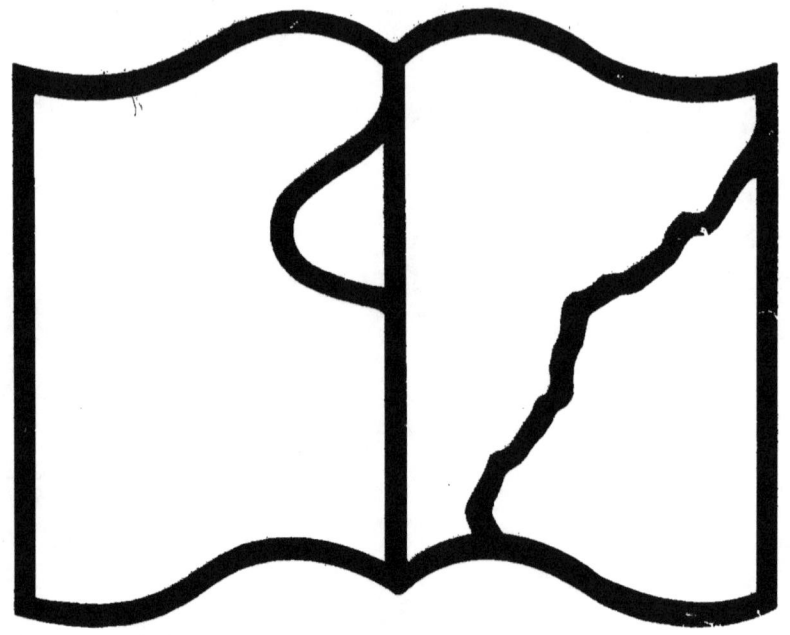

Texte détérioré — reliure défectueuse

NF Z 43-120-11

www.ingramcontent.com/pod-product-compliance
Lightning Source LLC
Chambersburg PA
CBHW070523100426
42743CB00010B/1931